张洪伟　编著

培养高素质教师

"五能教师"校本研修模式的探索实践

广东高等教育出版社
Guangdong Higher Education Press

·广州·

图书在版编目（CIP）数据

培养高素质教师："五能教师"校本研修模式的探索实践/张洪伟编著. —广州：广东高等教育出版社，2023.12
ISBN 978-7-5361-7629-4

Ⅰ. ①培… Ⅱ. ①张… Ⅲ. ①师资培养–研究 Ⅳ. ①G451.2

中国国家版本馆 CIP 数据核字（2023）第 254254 号

PEIYANG GAO SUZHI JIAOSHI："WU NENG JIAOSHI" XIAOBEN YANXIU MOSHI DE TANSUO SHIJIAN

出版发行	广东高等教育出版社
	地址：广州市天河区林和西横路
	邮政编码：510500　电话：(020) 87551597
	http://www.gdgjs.com.cn
印　刷	广州小明数码印刷有限公司
开　本	710 毫米×1 000 毫米　1/16
印　张	14
字　数	265 千
版　次	2023 年 12 月第 1 版
印　次	2023 年 12 月第 1 次印刷
定　价	45.00 元

序　言

近日，接到佛山市南海区桂城外国语学校张洪伟校长的来电，希望我为其著作《培养高素质教师——"五能教师"校本研修模式的探索实践》写篇序言。

我与洪伟校长有不解之缘。很多年前，我在南海工作，对洪伟老师就有耳闻。大概是2014年，张校长在南海实验中学担任副书记，主抓初三工作。我带佛山一中的学生参加在他们学校举办的佛山市中小学现场作文大赛，与张校长得以谋面。张校长特邀我去他办公室，聊教育事业，聊理想情怀，我们有相见恨晚之感。

我水平有限，但很乐意为张校长的教研成果写序，想以此一窥张校长的研究状况，还可以认真学习，提升自己。我细读张校长的研究成果两周，为张校长的苦心孤诣所打动，为其研究成果章节布局之科学、理论研究之广泛、实践探索之深入、教育情怀之高尚所折服。

党的十九大明确提出："要全面贯彻党的教育方针，落实立德树人根本任务，发展素质教育，推进教育公平，培养德智体美全面发展的社会主义建设者和接班人。"习近平总书记在全国教育大会上强调，在党的坚强领导下，全面贯彻党的教育方针，坚持马克思主义指导地位，坚持中国特色社会主义教育发展道路，坚持社会主义办学方向，立足基本国情，遵循教育规律，坚持改革创新，以凝聚人心、完善人格、开发人力、培育人才、造福人民为工作目标，培养德智体美劳全面发展的社会主义建设者和接班人，加快推进教育现代化、建设教育强国、办好人民满意的教育。

张校长的著作，政治站位高，严格遵循党和政府对教师的要求，充分落实习近平总书记有关教师教育的思想。师德师风的建设，不仅关乎教育事业的成败，更关乎党和国家的命运、民族的存亡，极其重要。著作将师风师德建设，放在教师培养的首位，是大格局，是大智慧。著作全面系统阐释了师德师风内涵，准确前瞻地论述其意义，客观分析其所包含的时代要求，并以翔实的个案展示了对其实践探索的现状。著作还在教师文化素养、学科教学技能、班主任工作技能和科学研究等方面的积累提升进行了全面系统的论述。

办教育要有家国情怀，要有正确的教育理念，要有高效有力的措施。张校长在南海实验中学和桂城外国语学校贯彻党的教育方针，遵循教育规律，迎接挑战，吃苦奉献，克服困难，不断提升学校办学质量，一年一辉煌，年年高质量，把学校打造成了市、区教育的名片。

教育的基本要素有三：一是教育者，以其自身的活动来引起、促进受教育者的身心发生合乎目的的发展和变化；二是受教育者，以其接受教育影响后发生合乎目的的变化来体现教育过程的完成；三是教育手段，是教育者和受教育者之间一切中介的总和。

优质的教育，需要学校培育优质的教育者。现在很多学校的教育，依赖教师，学校却不重视教师培养，不愿意在教师培养方面下功夫，这其实是舍本逐末的。如果教师的思想素养、专业能力跟不上时代步伐，那么学校的教育水平是很难提高的。张校长所带领的学校，落实立德树人根本任务，提高学校品位。张校长带头并鼓励、支持教师进行教育科研，提高教育质量，是难能可贵的。张校长高瞻远瞩，立足现实，面向未来，不断创新管理体制，在教师培养方面下了很大功夫，锐意改革，成果显著，是值得很多学校学习的。

关于教师成长的研究，有关的理论著作林林总总，不可胜数。但是，真正源自一线，有可操作性和推广价值的校本研究著作很是鲜见。一般来讲，从事教师培养的理论研究者，他们缺乏实践经验，其作品没有可操作性。一线实践的工作者，对各种理论缺少研究，其作品缺少理论支撑，没有说服力。张洪伟校长的这本力作，克服了前述两种弊端，理论研究深入系统，实践材料丰硕典型，可操作性强，推广价值大，相信付梓面世后，会带来很高的社会价值。

校本教研，要有创新思维和为学校教学服务的宗旨。培育教师，使之从新手、生手成长为熟手、能手，最终成为高手，需要一个漫长的过程。教育高手体现在"五能"：师德师风正、文化素养高、教学技能精、带班能力好和科研能力强，这是张校长进行校本研究的终极目标。这本专著的面世，为学校培养教师、教师成长提供了一个高质量的样板，别具一格。

张校长的著作涉及古今中外教育理论、理念思想、制度文件、教育策略模式等。可以说，是一本不可多得的校本研究著作，一本指导校本研究的教材，一部指导校长、教师成长进步的教材。

最后感谢张洪伟校长，为我提供机会，促我学习，催我进步。

李存仁

2024 年 5 月 28 日于佛山

目 录
MULU

绪 论 ……………………………………………………… 1

第一章 "五能教师" 校本研修的概述 …………… 13

第一节 校本研修的意义与价值 ………………………… 15
第二节 校本研修的概念与特点 ………………………… 17
第三节 "五能教师"校本研修模式的基本内涵 ……… 27

第二章 立德——培养师德师风正的教师 ………… 31

第一节 师德师风的内涵 ………………………………… 33
第二节 师德师风建设的意义 …………………………… 38
第三节 师德师风建设的时代要求 ……………………… 41
第四节 师德师风建设的实践探索 ……………………… 44

第三章 固本——培养文化素养高的教师 ………… 59

第一节 提高教师文化素养的意义 ……………………… 61

第二节　教师文化素养的时代要求 …………………… 63

　　第三节　提高教师文化素养的实践探索 ………………… 67

第四章　强基——培养教学技能精的教师 …………… 79

　　第一节　教师教学技能的时代背景与重要意义 ………… 81

　　第二节　教师教学技能的内涵 …………………………… 83

　　第三节　教师教学技能的提升途径 ……………………… 85

　　第四节　教师教学技能提升的校本实践 ………………… 87

第五章　示范——培养带班能力好的教师 …………… 113

　　第一节　提高教师带班能力的时代背景与重要意义 …… 115

　　第二节　"带班能力"的内涵及构成 …………………… 117

　　第三节　提高教师带班能力的实践策略 ………………… 118

　　第四节　教师带班能力提升的校本实践 ………………… 122

第六章　引领——培养科研能力强的教师 …………… 131

　　第一节　教师科研能力的基本内涵 ……………………… 133

　　第二节　提升教师科研能力的意义 ……………………… 137

　　第三节　提高教师科研能力的实践探索 ………………… 141

第七章　"五能教师" 校本研修的成果与展望 ……… 177

参考文献 …………………………………………………… 212

绪论

随着科学技术的发展，当今社会产生了激烈的矛盾，世界正在发生深刻复杂的变化。新一轮科技革命和产业变革深入推进，各国围绕培养高素质人才展开了空前激烈的国际竞争。强国必先强教，强教必先强师。党的二十大报告强调加快建设教育强国，必将有力解决教育发展不平衡不充分的问题。

一、研究背景

当前，我国教育已由规模扩张阶段转向高质量发展阶段。要坚持把高质量发展作为各级各类教育的生命线，加快建设高质量教育体系，以教育高质量发展赋能经济社会可持续发展。

建设教育强国，基点在基础教育。强教必先强师，高质量的基础教育需要高素质的教师。而对于在基础教育一线的中小学来说，如何构建健全、合理的校本研修模式，为教师提升自我能力和素养提供广阔的学习、展示平台，使他们成为不断学习的成长型教师，将决定了基础教育是否搞得扎实，教育强国之路是否能行稳致远！

（一）教育改革的发展需求

2023 年是全面贯彻党的二十大精神的开局之年，是实施"十四五"规划承前启后的关键一年。桂城外国语学校（以下简称"桂外"）全面落实国家"强师计划"，教师校本研修工作亦将积极主动回应教育综合改革形势的要求，进一步提升教师研修的成效，助力高质量专业化创新型教师队伍建设。

党的十八大以来，习近平总书记非常重视教育发展，提出教师不能只做传授书本知识的教书匠，而要成为塑造学生品格、品行、品位的"大先生"。《中共中央 国务院关于全面深化新时代教师队伍建设改革的意见》明确提出了教师与教师队伍建设的使命与战略地位："教师承担着传播知识、传播思想、传播真理的历史使命，肩负着塑造灵魂、塑造生命、塑造人的时代重任，是教育发展的第一资源，是国家富强、民族振兴、人民幸福的重要基石。"

新时代背景下，我国教师教育书写了创新发展的壮丽篇章。教师队伍支撑起世界最大规模的教育体系，教师教育从独立封闭走向多元开放。教师教育学科建设在学科知识体系构建、高层次人才培养、学术研究成果推出等方面取得显著成绩。当前，为回应人才需求的变化、数字化、人才全球流动等为教育带来的挑战，各国在教师培养、标准建设、专业发展等方面进行了改革。我国教师教育研究工作应在扎根中国大地、坚持中国立场的基础上，了解与借鉴各国教师教育改革经验，助力建设中国特色、引领国际的高质量教育体系。

党和国家始终高度重视教师教育事业，为教师教育事业发展提供了坚实的制度保障，近年先后印发了《中共中央 国务院关于全面深化新时代教师队伍建设改革的意见》《教师教育振兴行动计划（2018—2022年）》《新时代基础教育强师计划》《教育部办公厅关于实施新时代中小学名师名校长培养计划（2022—2025）的通知》《教育部 财政部关于实施中小学幼儿园教师国家级培训计划（2021—2025年）的通知》等政策文件，表明我国正努力建设具有中国特色、世界水平的现代教师教育体系。此外，党为教师教育事业提供提纲挈领的原则指导和根本遵循。党的十八大以来，习近平总书记多次对教师教育工作做出重要指示，从"四有"好老师到"大先生"，到"经师"与"人师"的统一，再到2023年教师节前夕提出的教育家精神。教育家精神是我国教育家及广大优秀教师在长期的理论或实践探索中所形成的精神共相，彰显了教育家及优秀教师的理想信念、道德品质、专业素养和崇高情怀，是广大教师普遍认同并践行的价值理念，对广大教师具有重要的精神引领价值。具体而言，教育家精神的内在特质可以概括为"三个大"，即"大情怀""大智慧""大作为"。

教师是教育高质量发展的核心资源，是科技自立自强的关键支撑，是人才队伍建设的重要保障，贯彻落实党的二十大精神需要打造新时代具有中国特色的高质量教师队伍。

回望历史，展望未来，扎根中国，面向国际。教师教育是世界各国教育事业发展必然面临的重大课题，建设中国特色、引领国际的高质量教师教育体系迈向卓越之路不会一马平川。从总体来看，在习近平新时代中国特色社会主义思想的指引下，中国特色社会主义教师教育发展进入新方位、开启新征程、加速新跨越。只要我们坚持以习近平新时代中国特色社会主义思想武装教育战线，坚持中国立场、全球视野，遵循教师教育发展规律，假以时日，我国教师教育会更加完善、培养质量更加上乘、特色更加鲜明、前景更加光明，将持续为我国教育现代化、教育强国梦提供有力支撑，在参与全球教育治理进程中，为世界教育的进步不断贡献中国方案和中国智慧。

（二）教师自身发展的持续需求

百年大计，教育为本。教师是立教之本、兴教之源，承担着让每个孩子健康成长、办好人民满意教育的重任。教师队伍作为学校人才培养、知识贡献的主体，是学校最重要的资源，是学校建设和发展的支柱，是实现人才培养的主体力量，教师队伍的整体水平标志着一所学校的办学水平。

《中国教育改革和发展纲要》（中发〔1993〕3号）中规定："振兴民族的希望在教育，振兴教育的希望在教师。建设一支有良好政治业务素质、结构合理、相对稳定的教师队伍，是教育改革和发展的根本大计。"《国家中长期教育改革和发展规划纲要（2010—2020年）》也明确提出，"加快薄弱学校改造，着力提高师资水平""教育大计，教师为本""有好的教师，才有好的教育"等。教师队伍建设既是学校实现创新发展的重点，也是实施素质教育、培养创新人才的必要保障。

对教师队伍建设的日益重视。不同教师职业能力发展成长周期有所不同，随着教龄的增长，教师对于备课方法、授课方法、批改作业、考试分析会形成自己的教学模式和教学风格（见图0-1）。在教学能力方面，大多数教师到30多岁的时候就会到达职业顶峰。如果教师没有机会或想法继续学习和掌握教学的关键技术，那么他们的教学水平就会出现持平甚至下滑的情况。

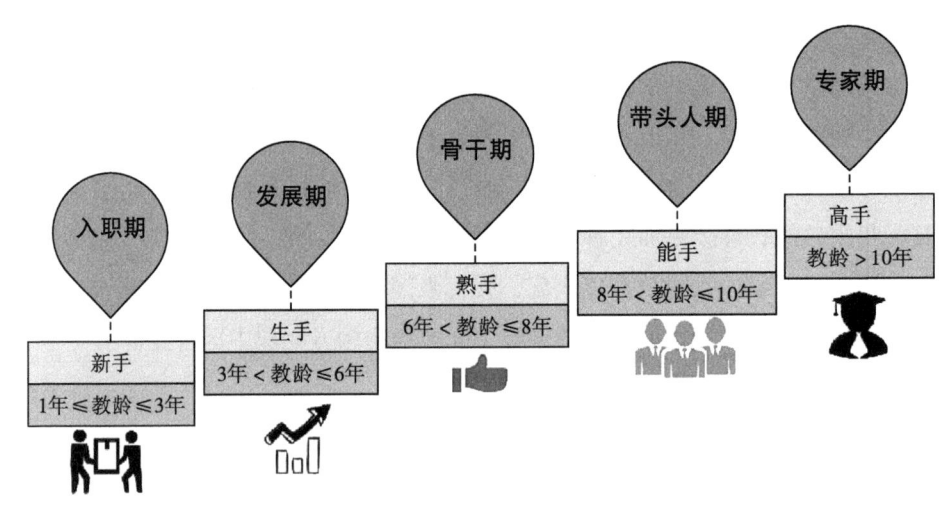

图 0-1 教师职业发展阶段的划分

全面提高师资队伍的整体水平和竞争实力，既是培养创新人才的重点，也是学校可持续发展的需要。校本研修和教研活动是教师成长的关键节点，如果不能使教师萃取和吸收好的教学技术，就无法帮助教师在教学方面得到有效突破，也就无法引导教师了解当下的学生。在这种情况下，教师教学的获得感、成就感和意义感就会整体降低，到最后很多教师就会逐渐"躺平"，进入职业倦怠期、高原期和瓶颈期。

马斯洛的需求理论认为，只有低层次的需求得到满足，个体才会追求更高层次的需求（见图 0-2）。这个理论被广泛运用在心理学、组织管理和教育领域，帮助人们理解个体动机和行为。

为了适应国家提出的发展高质量教育，对于教书育人的教师来说，不仅要通过不断的学习寻求自我发展，成为成长型的教师，而且要改变传统的传授知识和技能的教育方式，成为高质量教育需要的高素质教师。教师校本研修范式亟待转变教师专业发展的范式，教师教育已从要我学的"培训问题"转变为我要学的"学习问题"。

从20世纪末起，国外的研究者们就开始关注教师在专业发展过程中的学习与转变，并从多视角进行探究。克拉克（Clark）等人将相关研究概括为以下5点。

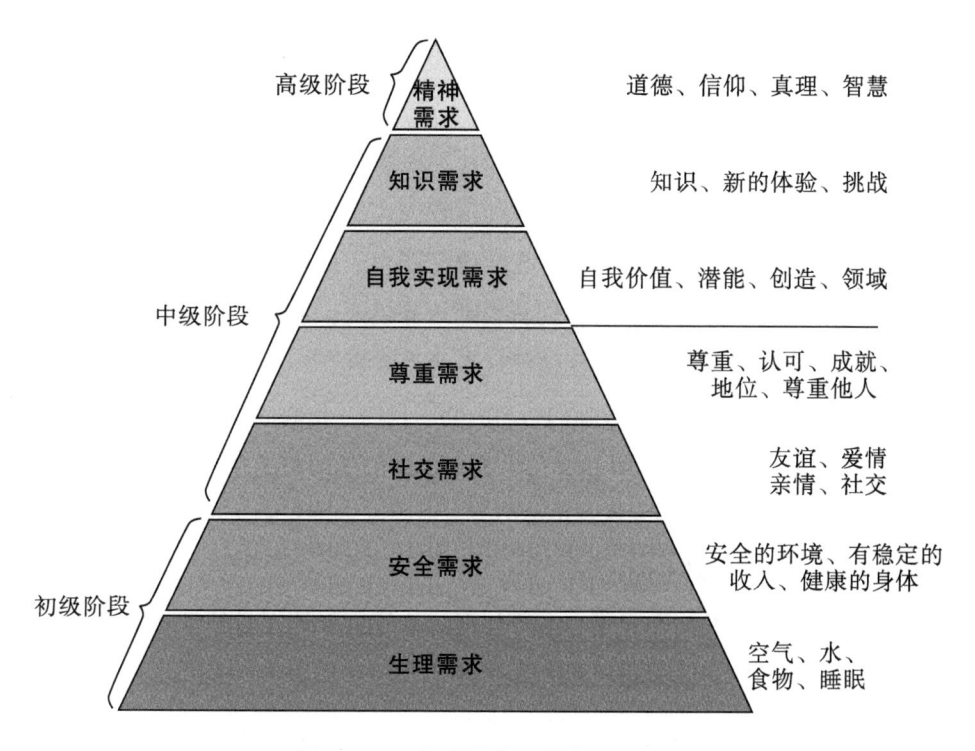

图 0-2 马斯洛需求理论的七大层次

（1）在培训中转变——教师在培训项目中被转变。

（2）在适应中转变——教师为适应变化的环境而调整其实践。

（3）作为自身发展的转变——为了提升教学成绩或增长教学技能与调整策略，教师主动寻求改变。

（4）在改革中转变——教师为实施体制改革做出改变。

（5）在成长或学习中转变——教师自身作为学习者，通过专业发展活动，在工作的社区环境中改变。

以"研修者为中心"的教师研修，能促进教师真正理解何为"以学习者为中心"的教学改革。教师在发展的过程中，身份既是教师又是学习者。而"以研修者为中心"的教师研修，能使教师在自我学习发展过程中对"以学习者为中心"的教育理念有真切的领悟，对其组织形式、实施路径有切实的了解和把握，更能在实践中将学习的主体地位交还给学生，尊重和发挥学生学习的自主性，推动教学改革。

（三）学校教育的迫切需求

"建设高素质专业化创新型教师队伍"是教育现代化的十大战略任务之一。桂外是实验类民办学校，年轻教师占较大比例。相当一部分的青年教师把握教材的能力、教学应变能力、教学研究能力、处理师生关系的能力存在明显不足。建立教师研修机制，创新教师培养模式，加大对青年教师的培训力度，打造学校骨干教师队伍在桂外显得尤为重要。

学校的学习取向决定了教师们学习的共同目标、相应的组织结构、集体的标准与实践模式（见图0-3）。此外，教师参与的学习活动是否成功取决于学校的学习取向，如果学校不具有积极的学习取向来支持教师进行学习，那教师便无法经历从学习中转变的过程。

另一些西方学者如奥普弗、佩德与索尔特特别强调了学校环境对教师学习的重要影响。他们认为教师观念既受到个人因素的影响，又受到学校体制环境的影响。尤其是教学经验较少的教师通常会依从学校的集体教学观念。学校集体的体制、支持形成了一种集体学习取向，成为影响教师学习的重要因素。

学校层面的学习取向包含了学校对于学习的观念与实践，决定了其为促进教师学习提供的支持而形成的体系。这是一种集体式的学习与教学实践，具备了集体的力量。当观念与实践不相吻合时，便促进了学校教师的自发学习。

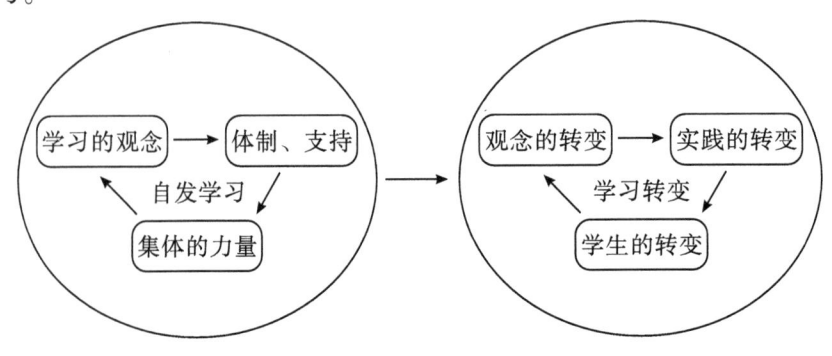

图0-3 学校的学习取向对教师的学习转变的影响

二、研究意义

1. 理论意义

（1）教师队伍建设要可持续发展。

校本培训是学校紧密结合工作实践，以提高学校教学质量和办学效益、促进教师专业发展和职业修养提升为目的的培训形式。校本培训的起点是对教师进行学校文化的引领，在教师培训中植入学校文化理念。

建构教师专业学习共同体，为教师发展创设良好的组织文化氛围。教师作为一种社会专业，仅获得一定的学历、获取教师任职资格证已经显得不够了，尽管这是基本的必备条件。教师专业素质的提高和可持续发展，是学校可持续发展的前提，也是提高教育质量和推进素质教育的根本保证。

（2）教师队伍建设要以校为本。

教师工作岗位在学校，教师专业发展也是在学校和课堂实践中产生的，学校必须成为教师专业化进程中的重要基地。学校是教师专业发展的重要场所。教师在工作实践中发现问题、研究问题、解决问题的过程就是专业发展的过程。教师的专业发展与学校发展紧密联系，教师专业发展的过程也是提高教育教学质量的过程。

校本培训实际上就是在学校的教育实践过程中，引领教师走学习、研究之路，校本培训以参与的广阔性、内容的丰富性、问题的现实性，努力引导教师成为"拥有现代教育观念的教育者，在学习化时代具有可持续发展能力的学习者，具有课程开发能力的教学内容组织者，在实践中不断反思、自我建构的研究者"，增强教师的职业成就感、满足感、幸福感，发挥教师创造性的才能，赋能教师专业成长。

2. 实践意义

（1）对教师教育校本化具有实际指导意义。

教师专业发展是教师研修的过程，教师通过校本研修、网络学习，真正体会专业发展的价值。通过校本培训，提高教育理论水平；通过校本教研，提高教育教学水平；通过网络平台，进一步拓宽交流空间和学习领域，从而产生进一步提升自我发展的动力。以校本资源为主进行教师队伍专业化建设研究，对教师教育校本化具有实际指导意义。

（2）对教师专业的高质量发展具有实际指导意义。

高质量教师是高质量教育发展的中坚力量。在国家"民转公"的政策下，如何在转制后继续调动教师队伍的积极性，保持高水平的办学质量，是学校现阶段亟须解决的问题。应把教师的专业发展联系起来进行有实效性、针对性的研究，探索以科研课题带动教师专业发展工作范式，从而促进教师队伍的全面发展。

三、应用价值和学术价值

1. 应用价值

作为一所不断谋求发展，始终将学校发展视为师生发展之和的学校，对教师校本研修的研究与实践，必然会推动学校的持续高效发展。

校本研修是以学校为阵地、教师为主体，以教师专业发展为目标，学校教科室、教研组、备课组各自按需组织，以教师在教育教学实践中发现问题，通过专业引领、同伴互助、交流研讨、专家指导等方式解决问题，通过问题解决途径，并结合教育专著、专业知识、课堂教学实践等学习，提高学校教师的专业素养，从而促进教师专业发展的一种实践工作、理论学习、专业研究三位一体的教育教学研究的行为。

2. 研究价值

面向培养21世纪高素质技术技能型人才的需要，我校确定了培养"未来职教教师"的目标，帮助教师们掌握国际先进教学理念，掌握国际先进且系统的课程开发与教学设计方法，具备较强教学能力、专业实践能力和教科研能力，整体上达到"四有"要求。

本书综述了国外具有代表性的以"教师的转变"为核心的"五能教师"专业发展模型，阐述了其相应的教师专业发展理论，尤其关注教师转变的内在认知过程与外界环境之间的互动过程，即包括师德师风正、文化素养高、科研能力强、带班能力好、教学技能精。这些模型与理论都强调了教师积极运用外界资源，学习新的知识与教学策略，实施新的教学实践，反思课堂教学，评估学生的学习成果，转变教师观念的复杂过程。帮助教师更新发展观念，有利于提高教育质量和水平。根据我校的特点，创新"五能教师"的校本研修模式，必须改变以往单一的培训模式，采取灵活多样的形式，通过丰富和完善教育理论，在教育研究的基础上，寻找新的方向，加强教育理论对教育实践的解释力并对教育实践进行有效指导。

因而，教师专业发展的过程就是一个教师自主学习、实践、反思、评估、转变等一系列自我调节与社会互动的动态发展过程，其间受到个人与学校、社区环境等多种因素的影响。

第一章 "五能教师"校本研修的概述

第一节　校本研修的意义与价值

一、推动学校持续发展

从具体的内涵出发，校本研修以学校为主体，强调学校在研究中的自主性、主动性。学校作为研究的发起者、实施者，能够准确地结合自身实际情况和需求，通过不断的研究和反思，解决现有问题，进行创新性的探索实践，开展有针对性的研究活动，制订符合学校发展目标的研究计划，助力学校的高质量可持续发展。

基于校本研修的基本内涵与特性，其在提升教育教学整体水平和增强学校凝聚力等方面具有突出贡献。

在提升教育教学整体水平方面，校本研修的实施可以促进教师专业成长和学校发展，提高教育教学质量和效果。研究的过程可以促进教师的反思和创新，发现和解决实际问题，改进教学方法和手段，提高教学效果和促使学习者获得更多学习成果。同时，学校的创新性实践也可以为其他学校提供经验和借鉴，推动整个区域的教育进步和发展。

校本研修是增强学校凝聚力、优化文化氛围的重要手段。团队合作和分享交流，可以促进教师之间的沟通和合作精神的培养，形成集体学习、集体教研的良好氛围，增强学校的凝聚力和文化氛围。

二、促进教师专业发展

校本研修是促进教师专业成长的重要途径。通过研究和反思，教师可以掌握新的教学理念和方法，提高自己理论水平和专业素养。同时，教师间的合作与分享也可以促进教师的共同成长和发展。

首先，校本研修可以适应学校自身的发展需求和教师的专业成长需求。

每所学校和每位教师都有不同的发展需求和特点，只有根据自身情况开展研究活动才能更好地满足这些需求和特点。而校本研修正是通过自主制订研究计划和方案，选择合适的研究方法和工具，适应了学校和教师的发展需求和特点，从而更好地促进教师的专业成长和发展。

其次，校本研修可以更好地发挥教师的积极性和主动性。在传统的教育教学研究中，教师通常只是被动地接受研究结果和应用方法，缺乏主动性和创造性。而校本研修通过赋予教师更多的自主权和选择权，让教师能够更加积极地参与研究活动，发挥个人的主观能动性。

最后，校本研修可以提高教师的综合素质和教育能力。通过自主制订研究计划和方案，选择合适的研究方法和工具，教师可以更好地掌握研究的全过程和方法技巧，提高自身的综合素质和教育能力。同时，通过参与校本研修活动，教师也可以更好地了解自己的优势和不足之处，从而更好地制订自己的专业成长和发展计划。

三、助力教师培训模式变革

校本研修将助力学校的教师培训模式产生改变，使得教师能力培养具有更广泛的实践平台和更广阔的合作空间。

（1）从单一培训向全方位发展转变。在校本研修的推动下，教师培训将不再局限于传统的讲座、研讨会等形式，而是拓展到实践操作、案例分析、个性化培训等多个方面。这样的转变有助于全面提升教师的教学能力、学科素养、教育理念等多方面的素质。

（2）从被动接受向主动参与转变。校本研修鼓励教师积极参与培训活动的策划、组织和实施，使教师从被动接受培训变为主动寻求发展。这种转变有助于激发教师内驱力，提升教师的专业素养和教育教学水平。

（3）从注重数量向注重质量转变。校本研修强调教师培训的针对性、实效性，使教师培训从注重数量转向注重质量。学校可以根据教师的需求和实际情况，制订有针对性的培训计划，确保培训成果真正落地生根。

（4）从短期效应向长期规划转变。校本研修注重教师的专业发展规划，使教师培训从短期效应转向长期规划。学校可以为教师制定系统的专业发展规划，促进教师在职业生涯中不断完善自我发展，获得进步。

第二节　校本研修的概念与特点

一、校本研修的概念

"校本研修"源于"校本教研"和"校本培训"，是促进教师专业发展的核心手段。它融合了研究与进修的要素，既继承了教育教学的优良传统，又纳入了专业学习和修炼的新内容，实现了研与学的有机结合。在与团队共同探索教育教学中遇到问题的同时，教师还需结合学生实际情况和学科课堂教学，自主开展持续的教育教学研究。"修"则强调教师个人专业知识的学习和教研能力的提升。校本研修的关键作用在于帮助教师不断发现、解决和改进教书育人过程中的新问题，推动教师的专业自我持续发展，并教会学生学会学习、学会做人。同时，校本研修还有助于提高教育教学的质量和实效，从而实现教师、学生和学校的可持续发展。

综上，校本研修是以学校全体教师为主体，以实际工作中的教育教学问题为研究对象，以工作所在的学校为研究场所，以解决实践问题为出发点，以更新完善教学理念、教学方式为目标，以学校为单位促进教师专业成长而开展的一系列活动。

二、校本研修的特征

1. 平等性

校本研修中的平等性是指教师和学校在参与研修活动时享有平等的权利和机会，不论其职务、资历或背景。平等性在校本研修中扮演着重要的角色，它体现在以下四个方面。

首先，校本研修中的平等性体现在研修机会的平等分配。无论是教师还是学校，都应该有平等的机会参与研修活动。无论其职务层级或资历水平如何，每位教师和每所学校都应该有平等的权利参与研修，获得专业发展的机会。

其次，校本研修中的平等性还体现在研修资源的平等分配。学校应该提供平等的资源支持，确保教师能够充分利用研修资源进行学习和专业发展。这包括提供必要的学习材料、技术设备、场地等，以便教师能够平等地获取和利用这些资源。

再次，校本研修中的平等性还体现在研修过程的平等对待。教师和学校应该受到公正的对待，不应受到任何偏见或歧视。研修活动应该为所有参与者提供公平的机会，尊重和包容不同的观点、经验和背景。这样可以促进开放的学习氛围，鼓励教师之间的交流和合作。

最后，校本研修中的平等性还体现在研修成果的平等认可。无论教师和学校的背景如何，他们在研修活动中所取得的成果都应该得到平等的认可和重视。学校应该建立公正的评估机制，根据实际表现评价教师的专业发展成果，确保平等对待和公正评价。

2. 自主性

校本研修中的自主性是指教师和学校在研修活动中具有自主选择的权利和自主决策的能力。在校本研修中，教师和学校可以根据自身的需求和特点，自主决定参与的研修内容、形式和时间安排，以及研修的目标和效果评估方式。

首先，校本研修的自主性体现在教师和学校可以根据自身的教育目标和发展需求，自主选择研修内容。教师可以根据学校的特色、教学团队的专业需求和学生的实际情况，选择与之相关的研修主题，例如课程设计、教学方法、评估方式等。这样的自主选择可以更好地满足教师和学校的具体需求，提高研修的实效性和可操作性。

其次，校本研修的自主性还表现在教师和学校可以自主决定研修的形式和时间安排。他们可以选择参加集中式的研修活动，例如研讨会、研讨班等；也可以选择进行个别的自学研修，例如阅读教育专业书籍、观看教学视频等。此外，教师和学校还可以根据自身的时间安排和资源情况，自主决定研修的时间安排，灵活地安排研修活动，以充分利用研修时间，提高学习效果。

最后，校本研修的自主性还表现在教师和学校可以自主决策研修的目标和效果评估方式。教师可以根据学校的发展目标和具体需求，制定研修的目标和学习成果的评估标准，以确保研修活动能够对教师的专业发展和学校的改进产生积极的影响。同时，还可以自主选择评估方式，例如观察记录、问卷调查、教学反思等，以评估研修的效果和成果，为进一步的教学改进提供依据。

3. 可持续性

校本研修中的可持续性是指研修活动在长期发展中能够持续进行并产生持久的影响。可持续性在校本研修中发挥重要作用，因为只有确保研修活动的可持续性，才能够实现教师专业发展和学校改进的长期目标。

首先，校本研修中的可持续性体现在研修内容的选择和设计上。研修内容应该与学校的教育目标和发展需要紧密对接，具有长期的价值和影响力。选择具有可持续性的研修内容，可以确保教师在学习过程中获得持久的知识和技能，为教学实践提供长期的支持。

其次，校本研修中的可持续性还体现在研修策划和组织上。学校应该建立健全的研修机制和体系，确保研修活动能够长期稳定地进行下去。这包括制订长期的研修计划，安排定期的研修活动，提供持续的资源和支持，以及培养专业的研修师资队伍。这样可以保证研修活动的连续性和可持续性。

再次，校本研修中的可持续性还体现在研修成果的应用和跟进上。教师在研修活动中所获得的知识和技能应该能够持续地应用到教学实践中，并进行持续的反思和改进。学校应该建立有效的支持机制，例如教学观摩、教学研讨会等，促进教师之间的交流和合作，共同推动教学的不断发展和提升。

最后，校本研修中的可持续性还体现在研修文化的培育上。学校应该营造积极的学习氛围和研修文化，鼓励教师持续学习和专业成长。这可以通过赋予教师自主选择研修内容的权利、提供持续的学习机会和资源、认可和奖励教师的专业发展成果等方式来实现。

如图1-1所示，校本研修的3个特征包括平等性、自主性、可持续性。

图1-1　校本研修的特征

三、校本研修的理论依据

1.《小学教师专业标准（试行）》

2012年，国家出台的《小学教师专业标准（试行）》（以下简称《标准》）是小学教师实施教育教学行为的基本规范，是引领小学教师专业发展的基本准则，是小学教师培养、准入、培训、考核等工作的重要依据（见表1-1）。

《标准》明确指出，小学教师是履行小学教育教学工作职责的专业人员，需要经过严格的培养与培训，具有良好的职业道德，掌握系统的专业知识和专业技能。《标准》是国家对合格小学教师专业素质的基本要求，确立以师德为先、学生为本、能力为重和终身学习为基本理念，其内容包含三个维度、十三个领域、六十项基本要求。

表1-1　《小学教师专业标准（试行）》的主要内容

维度	领域	基本要求
专业理念与师德	（一）职业理解与认识	1. 贯彻党和国家教育方针政策，遵守教育法律法规。 2. 理解小学教育工作的意义，热爱小学教育事业，具有职业理想和敬业精神。 3. 认同小学教师的专业性和独特性，注重自身专业发展。 4. 具有良好职业道德修养，为人师表。 5. 具有团队合作精神，积极开展协作与交流。

续上表

维度	领域	基本要求
专业理念与师德	（二）对小学生的态度与行为	6. 关爱小学生，重视小学生身心健康，将保护小学生生命安全放在首位。 7. 尊重小学生独立人格，维护小学生合法权益，平等对待每一位小学生。不讽刺、挖苦、歧视小学生，不体罚或变相体罚小学生。 8. 信任小学生，尊重个体差异，主动了解和满足有益于小学生身心发展的不同需求。 9. 积极创造条件，让小学生拥有快乐的学校生活。
	（三）教育教学的态度与行为	10. 树立育人为本、德育为先的理念，将小学生的知识学习、能力发展与品德养成相结合，重视小学生全面发展。 11. 尊重教育规律和小学生身心发展规律，为每一个小学生提供适合的教育。 12. 引导小学生体验学习乐趣，保护小学生的求知欲和好奇心，培养小学生的广泛兴趣、动手能力和探究精神。 13. 引导小学生学会学习，养成良好学习习惯。 14. 尊重和发挥好少先队组织的教育引导作用。
	（四）个人修养与行为	15. 富有爱心、责任心、耐心和细心。 16. 乐观向上、热情开朗、有亲和力。 17. 善于自我调节情绪，保持平和心态。 18. 勤于学习，不断进取。 19. 衣着整洁得体，语言规范健康，举止文明礼貌。
专业知识	（五）小学生发展知识	20. 了解关于小学生生存、发展和保护的有关法律法规及政策规定。 21. 了解不同年龄及有特殊需要的小学生身心发展特点和规律，掌握保护和促进小学生身心健康发展的策略与方法。 22. 了解不同年龄小学生学习的特点，掌握小学生良好行为习惯养成的知识。 23. 了解幼小和小初衔接阶段小学生的心理特点，掌握帮助小学生顺利过渡的方法。 24. 了解对小学生进行青春期和性健康教育的知识和方法。 25. 了解小学生安全防护的知识，掌握针对小学生可能出现的各种侵犯与伤害行为的预防与应对方法。

续上表

维度	领域	基本要求
专业知识	（六）学科知识	26. 适应小学综合性教学的要求，了解多学科知识。 27. 掌握所教学科知识体系、基本思想与方法。 28. 了解所教学科与社会实践、少先队活动的联系，了解与其他学科的联系。
专业知识	（七）教育教学知识	29. 掌握小学教育教学基本理论。 30. 掌握小学生品行养成的特点和规律。 31. 掌握不同年龄小学生的认知规律和教育心理学的基本原理和方法。 32. 掌握所教学科的课程标准和教学知识。
专业知识	（八）通识性知识	33. 具有相应的自然科学和人文社会科学知识。 34. 了解中国教育基本情况。 35. 具有相应的艺术欣赏与表现知识。 36. 具有适应教育内容、教学手段和方法现代化的信息技术知识。
专业能力	（九）教育教学设计	37. 合理制订小学生个体与集体的教育教学计划。 38. 合理利用教学资源，科学编写教学方案。 39. 合理设计主题鲜明、丰富多彩的班级和少先队活动。
专业能力	（十）组织与实施	40. 建立良好的师生关系，帮助小学生建立良好的同伴关系。 41. 创设适宜的教学情境，根据小学生的反应及时调整教学活动。 42. 调动小学生学习积极性，结合小学生已有的知识和经验激发学习兴趣。 43. 发挥小学生主体性，灵活运用启发式、探究式、讨论式、参与式等教学方式。 44. 发挥好少先队组织生活、集体活动、信息传播等教育功能。 45. 将现代教育技术手段整合应用到教学中。 46. 较好使用口头语言、肢体语言与书面语言，使用普通话教学，规范书写钢笔字、粉笔字、毛笔字。 47. 妥善应对突发事件。 48. 鉴别小学生行为和思想动向，用科学的方法防止和有效矫正不良行为。

续上表

维度	领域	基本要求
专业能力	（十一）激励与评价	49. 对小学生日常表现进行观察与判断，发现和赏识每一位小学生的点滴进步。 50. 灵活使用多元评价方式，给予小学生恰当的评价和指导。 51. 引导小学生进行积极的自我评价。 52. 利用评价结果不断改进教育教学工作。
	（十二）沟通与合作	53. 使用符合小学生特点的语言进行教育教学工作。 54. 善于倾听，和蔼可亲，与小学生进行有效沟通。 55. 与同事合作交流，分享经验和资源，共同发展。 56. 与家长进行有效沟通合作，共同促进小学生发展。 57. 协助小学与社区建立合作互助的良好关系。
	（十三）反思与发展	58. 主动收集分析相关信息，不断进行反思，改进教育教学工作。 59. 针对教育教学工作中的现实需要与问题，进行探索和研究。 60. 制定专业发展规划，积极参加专业培训，不断提高自身专业素质。

综上可知，《标准》把师德师风置于教师专业素养的首位，起统领作用，对教师总体专业素养具有一票否决的地位。以专业理念为中心，《标准》要求教师应同时具备专业知识和专业能力，缺一不可。学生是发展中的人，这就需要教师具备广博的通识文化知识和深厚的专业知识，且由于学生身心发展阶段的限制，认知不成熟，更要求教师具备传道授业的专业能力，把知识转化为学生能获取的形式。

2. 新课程改革理念

中国新一轮基础教育课程改革于1999年正式启动，对教师传统的教学与发展理念有了全新的要求，对当前的教育教学行为有持续的引领指导作用。

"新课改"关注学生发展。首先，在教学目标上，要按照课程标准、教学内容的科学体系进行有序教学，完成知识、技能等基础性目标，同时还要关注学生发展性目标的形成。其次，在教学过程中，教师要认真研究课堂教学策略，激发学生学习热情，体现以学生为主体，鼓励学生探究，高效实现目标。

"新课改"强调教师成长。依据新课程评价目标的要求，课堂教学评价要沿着促进教师成长的方向发展。其重点不在于鉴定教师的课堂教学结果，而是诊断教师课堂教学中学生提出的问题，制定教师的个人发展目标，满足教师的个人发展需求。

"新课改"重视以学定教。新课程课堂教学要真正体现以学生为主体，以学生发展为本，就必须对传统的课堂教学评价进行改革，体现以学生的"学"来评价教师的"教"的"以学论教"评价思想，强调以学生在课堂教学中呈现的状态为参照来评价课堂教学质量。

综上所述，"新课改"强调教师主导、学生主体的学习教育模式，教师的角色不再是以往照本宣科的"权威者"，而是启发学生主动成长的同时自己亦不断求进的"指导员"角色，这无疑对教师的总体素养，尤其是专业学科知识外的素养有了更高的要求，教师唯有秉持终身学习的发展理念，自觉进修成长才能充分落实"新课改"的理念。

3. 学习共同体理论

2013年，国家主席习近平在莫斯科国际关系学院发表演讲，提出人类命运共同体理念，旨在与全球各国一道共同应对时代机遇与挑战。作为敢于担当和作为的大国，我国具备条件和责任成为推动和实践这一理念的关键力量。"共同体"一词也逐渐活跃于公众视野。

1887年，著名社会学家滕尼斯在其著作《共同体与社会》中首次对"共同体"的概念进行了明确阐述，他指出，共同体是由具有相似属性、期望、利益及情感认同等因素汇聚而成的团体。随后，杜威在《民主主义与教育》一书中提出了关于学习共同体的基本前提，即当集体中的每个成员都能清晰地理解目标，并心甘情愿地受到目标的引导、影响和支配时，他们在一定程度上便构成了一个共同体。

"学习共同体"是一个由学习者与助学者共同构成的团体，具有一致的学习目标，成员间在学习过程中积极沟通、交流和分享各类学习资源，共同完成特定学习任务，并建立起相互影响、相互促进的人际关系。学校作为一个重要的教育机构，教师们会自发根据发展需求在校内组织学习团队，形成一个共同体。

在这个共同体中，教师之间、学生之间以及师生之间，通过教育教学与教育研究的互动进行面对面的交流与探讨。他们以学习小组、班级、年级组、科研组等为单位进行组织形式的互动研究，彼此平等交流、相互学习，从而促进教师专业水平的共同提升。

4. 校本行动研究

校本行动研究指教师立足学校工作的实际，利用学校的现有资源，结合学校发展与改进的需要，充分发挥主观能动性，在实践行动中动用智慧解决教师专业化发展中的具体问题，促进教师更有效地开展教育教学实践。通常来说，校本行动研究是复杂的、多样的、不稳定的和独特的，常常存在于现有或已有的理论和方法之外，并非"在书中"的理论或案例中。

校本行动研究强调学校教师的广泛参与，在观察、调研、参与、反思等各个研究过程都有一线教师的声音，而非仅行政团队，参与背后蕴含着"学校可持续发展""集体进步"等核心价值。再者，校本行动研究是科研与改进教学、管理融为一体，具有明显的系统性，包括学校工作的各个方面，需要统筹管理及各个部门的分工落实。另外，校本行动研究注重公开化，包括研究过程、评价结果等皆为公开的科研成果，是全体教师可使用的。最后，校本行动研究的意义是促进教师专业化、学校发展目标的实现，促进教师与学校共同发展的双赢局面。

5. 自我决定理论

自我决定理论，源于20世纪80年代的积极心理学领域，是一种具有深刻洞见的认知动机观。该理论认为，个体天生具有自我实现和自我成长的内在需求。同时，个体拥有自主、胜任、归属三项基本心理需要，这些需要是与生俱来的。

自主需要，是指个体期望在各类活动中能按照自己的意愿进行选择，并在活动中感受到充分的自由，对自己的行为和决策拥有选择的权利。胜任需要，是指个体期望在活动中体验到有能力完成任务，或者感到自己能够胜任或掌控工作。归属需要，是指个体期望在所处环境中能感受到他人的关怀和爱，并确认自己属于组织中的一员。该理论认为，当个体的自主、胜任、归属需要被满足时，自觉发展的内在动机就会不断涌现。

四、校本研修的一般模式

对现有的文献资料整理回顾发现，校本研修模式具有较高的自主性、独特性，不同地区不同学校所开发、选择的策略模式均有所不同，都是对校本研修的本土化解读，不能一概而论。方圆（2023）通过扎根理论建构出"教—学—评"一致的校本研修机制模型，并以决策管理、运转机制、评价体系和保障体系核心类属以推进校本研修的可行性。于春德和朱华（2023）推行"研训一体三结合"的校本研修模式，"研"即"研修、研究"，"训"即"培训"，"三结合"指全员培训、群体培训、个人自主培训相结合的培训方式，全程以工作实际和教师发展需求为导向施训。朱瑛（2016）提出一种让教师深度卷入的校本研修新模式，即主题引领、五段互动，分为"主题讲座—课例实践—辩课互动—点评提升—研修反思"五个环节。郭东岐（2006）认为校本研修的开始是教师从发现教学实践中的问题，中间经过教师本人分析问题，探索实践解决问题的方法和策略，最后总结反思解决的过程与结果，以此对问题的解决有更为成熟的策略，因此，郭东岐认为，校本研修的基本模式是问题—设计—实践解决—反思总结。

五、教师专业发展与校本研修

于春德和朱华（2023）认为，校本研修是促进教师体验成功、获得自我实现感和感受职业幸福感的重要途径，要特别关注校本研修带来的先进理念对教师行为的转化过程，帮助解决教师在专业发展中出现的困难，真正促进教师专业发展和综合发展提升。刘文（2023）提倡校本研修需借助互联网的力量，建立信息平台，做到线上与线下相结合，方能全方位地促进教师专业发展水平的提升。方圆（2023）则强调需要自上以下，从学校行政层面发力推进"教一学一评"一致的校本研修机制，通过对不同专业发展阶段的教师的分类指导，引导教师基于课程标准、面向学生，帮助教师理解理念、积累教学案例，实现教师专业发展水平的有效提高。

另外，李睿（2019）认为校本研修需要进行恰当的管理才能发挥出真正的作用，因此，他提出在校本研修的过程中应注意管理制度的完善，重视研修队伍的建设和过程管理，并运用恰当的改进评价与激励机制，以刺激教师专业发展的自觉性。

综上可知，校本研修对教师专业发展存在正向积极的作用。通过校本研修，能提高教师自觉发现问题、自主解决问题的能力，主动将一线工作中遇到的困难转化为探究的案例，积极调动内外资源，尝试提出可行的解决方法，促进教师在研修过程中反思、交流、合作和创新，对教师的专业水平和总体素养都有综合性的提升，是推动教师专业发展的成长契机。

第三节 "五能教师"校本研修模式的基本内涵

基于校本研修的文献研究与实践探索一般规律认识，本书试提出"五能教师"校本研修模式，以助力学校培养高素质教师。"五能教师"是针对当前教育教学中教师能力发展的需求而提出的一种以评价促进提升的教师培养目标。"五能"不仅是对教师个人的发展要求，更是对教师人才队伍建设提出的更高标准。从这一角度出发，教师队伍建设的目标"五能"，即打造师德师风正、文化素养高、带班能力好、教学技能精和科研能力强的高素质教师队伍，如图1-2所示。这是一种必要的管理手段，更可能是未来教师队伍建设的必然路径。

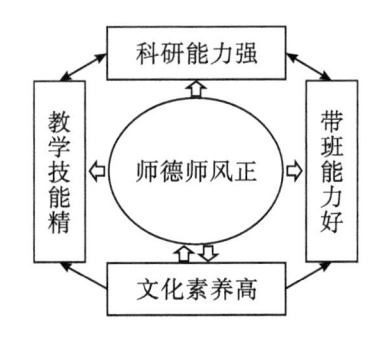

图 1-2 "五能教师"要素构成图

一、师德师风正

师德师风正即指教师在教育教学实践中应该具备的良好道德品质和专业风范。该点强调了教师在承担教育使命和肩负教育责任时，应该具备的正确的价值观、职业道德和教育理念。

在"五能教师"系统中，此为根本，位于"五能教师"的核心地位。立德树人是教育的根本任务，师德师风应该是所有教育教学工作的逻辑起点和根本保证。没有师德师风正，一切教育教学工作都会失去方向，无从谈起，甚至危害巨大。

二、文化素养高

文化素养高指一个人在文化领域具备广泛的知识、艺术修养和人文素质，能够理解和欣赏不同文化表达形式，对文化现象有深入的认识和思考能力，能包容和尊重他人的文化差异，有批判性地吸收与输出文化知识。尤其在小学此类课堂综合性要求较高的背景下，教师文化素养的高低将直接影响教育教学效果。

在"五能教师"系统中，此为基础，起地基作用，没有它做保证根基就不牢，就会倒塌。文化素养会影响其他四个要素，文化素养与师德师风是相互促进、相互影响的。

三、带班能力好

带班能力好是指教师在组织、管理和领导班级方面具备出色的能力。能够有效地安排班级工作，合理分配资源，制定明确的目标和计划，并能协调学生，善于与学生进行有效的沟通，能够倾听和理解学生的需求和意见，促进班级的合作和凝聚力。

四、教学技能精

教学技能精是指教师在教学过程中表现出熟练的教学技巧和能力。能够灵活运用多种教学方法和策略，根据学生的特点和学习需求进行有效的教学。他们能够清晰地讲解知识，有序组织教学活动，并能够利用多种教具和技术支持学生的学习，善于引导学生积极参与课堂，激发学生的学习兴趣和主动性。注重反思和改进自己的教学方法，不断提升自己的教学水平。

教学技能精与带班能力强是教师的基本功，位于五要素的居中（起支撑作用，左右对称分居两侧）。一名优秀教师应该既会上好课（教学技能精）又会管好班（带班能力好），二者同等重要，不可有所偏倚。

五、科研能力强

科研能力强反映了教师在科研工作中所展现出的高水平的研究技能和研究素养。通常，这要求教师应具有广博的学科知识和教育研究的意识，关注小学教育领域的最新发展和研究方向，并且具备一定的独立研究能力，能够科学地研究问题，并运用适当的研究方法进行调查和分析。在教学实践中不断探索和创新，以提升教育质量和学生发展为目标，为教育领域的理论发展做出积极的贡献。

科研能力是教师专业成长发展的高阶阶段，是名师教育家型教师的必经之路，引领着教育教学的发展，其重要性非常明显。故其位于顶端，起引领发展作用。

推行"五能"目标下的教师人才队伍培养有助于促进教师个人发展。教师队伍建设不仅对学校和学生具有重要意义，对于教师自身的专业发展和个人成长也具有重要的作用。

具备"五能"的教师需要不断学习和反思自己的教育教学实践，不断优化教学方法和手段，提高自己的专业素养和教育能力。在这个过程中，教师可以通过参加培训、阅读书籍、交流经验等方式不断提高自己的专业水平和个人发展。同时，教师个人发展也能够为学校和社会做出更多的贡献，形成良性循环。

推行"五能"目标下的教师人才队伍培养有助于推动教育现代化，提升国家竞争力。教师队伍建设是推动教育现代化的重要途径之一。具备"五能"的教师能够更好地掌握现代化的教育理念和方法，推动教育现代化进程。教育现代化包括教育内容现代化、教育技术现代化和教育管理现代化等方面，这些方面都需要高素质的教师作为支撑。教师具备高尚师德和宽厚的文化素养，能够更好地理解和传授现代化的教育内容；教师具备较高的带班能力和教学水平，能够更好地运用现代化的教育技术和管理手段，提高教学效果；教师具备较强的科研能力，能够关注教育前沿问题，为教育现代化提供创新性的思路和方法。

此外，教师队伍建设对于提升国家竞争力也具有重要意义。在全球竞争日益激烈的背景下，一个国家的竞争力取决于其拥有的人才资源。具备师德师风正、文化素养高、带班能力好、教学技能精和科研能力强的教师能够为国家培养出更多具备创新能力和竞争力的人才资源，增强国家的竞争力。

第二章

立德——培养师德师风正的教师

第二章 立德——培养师德师风正的教师

《中共中央 国务院关于全面深化新时代教师队伍建设改革的意见》提出，"坚持兴国必先强师，深刻认识教师队伍建设的重要意义和总体要求"，"着力提升思想政治素质，全面加强师德师风建设"。新时代对教育的要求就是"办好人民满意的教育"，要"办好人民满意的教育"就要建设一支"让人民满意的教师队伍"，就必须加强对教师的师德师风建设，不断注入新的内涵和新的内容。这是新时代赋予基层教师的历史使命，为高质量发展新时代教育工作者队伍，实现教育现代化明确了方向和目标。

第一节 师德师风的内涵

一、师德师风的定义

师德师风是指教师在从事教育教学活动中所应秉持的道德规范和职业操守，它是教师专业行为的总称，是教师在教育教学活动中应该具备和展现的一种态度和行为规范。

师德是"教师道德"的简称，它是一种职业道德，是中华民族十分看重的美德之一。师风是指教师这个行业的风尚风气，就是师生之间保持一种人格上的平等，相互学习、相互尊重。师德师风是紧密关联的一个共同体，是全社会道德体系的组成部分，是青少年学生道德修养的楷模之一。从实践的角度看，具有高尚情操、渊博学识和人格魅力的教师，正所谓"学高为师，身正为范"，教师的言行举止要起到表率作用，才能对学生产生积极的影响。

二、师德师风的构成与特点

师德师风是教师在教育教学活动中应该遵循的道德规范和行为准则。这种规范和准则体现了教师的职业操守和职业道德，对学生起着模范引领和榜样作用。当教师具备良好的师德师风时，能够积极地影响学生，培养他们形成正确的价值观和道德观念。

(一) 构成

师德所规范的内容包括教师道德认识、教师道德情感、教师道德意志、教师道德信念、教师道德行为、教师道德习惯等六个部分，如图2-1所示。

```
                    ┌─ 教师道德认识 ─ 基础
                    ├─ 教师道德情感 ─ 态度
                    ├─ 教师道德意志 ─ 力量
         师德 ──────┤
                    ├─ 教师道德信念 ─ 方向
                    ├─ 教师道德行为 ─ 外在体现
                    └─ 教师道德习惯 ─ 最高表现
```

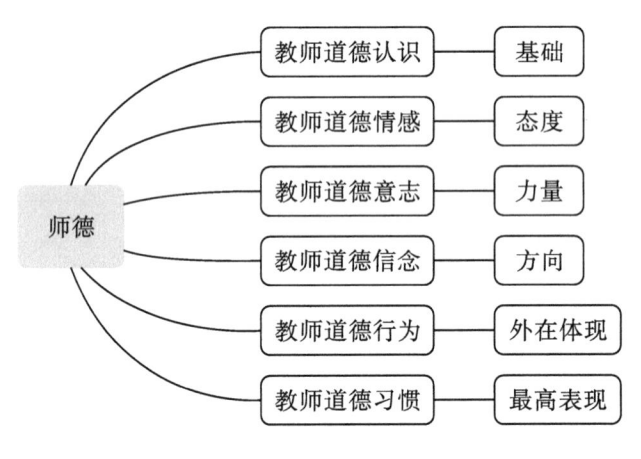

图2-1 师德的构成

教师道德认识是基础，是在认知层面上规定事物的属性，要求教师必须具备正确的教育观念，注重培养学生的品德修养和社会责任感。教师道德情感是职业态度，教师是否拥有对教育事业的忠诚与献身精神，是对于教师职业的情感体现，这就要求教师应当具备工作热情，不辜负学生和家长的期望，认真履行教学任务，积极参与学校教育改革和各项教育活动。教师道德意志是力量，是坚持正义、公平和诚信原则的守护，要求教师不偏袒任何学生，不以私利影响教学行为，积极践行教育公平。教师道德信念是方向，教师的责任感和使命感不仅引导着教师发展新方向，不断提升自己的教学能力和专业水平，不断更新教学内容和方法，保持学术独立性和学术诚信，还引导着学生始终牢记使命，不断向着目标更进一步。教师道德行为是外在体现，由内在转化为外显，热爱学生，关心学生，积极倾听和关注学生的需求和问题，并与家长和同事进行有效的沟通，团结协作，共同进步。无数的行为坚持成为教师的道德习惯，教师道德习惯是不需意志努力的生活方式，是师德的最高表现，教师良好的惯性行为将春风化雨，潜移默化地影响着学生，形成社会的良性循环。

师德与师风的关系可以理解为部分与整体的关系，良好的师风由无数个符合师德规范的行为组成。师德规范了教师行为，培养了教师气质，提升了教师修养，形成了良好师风。总之，师德师风是教师应该具备的一种职业素养和行为规范，对于提高教育教学质量和培养德才兼备的学生具有重要意义。教师要做学生品德和行为的榜样，要注重自身修养和道德修养，言行一致，言传身教。

（二）内涵

时任教育部部长周济在参加2006年教师节座谈会时提出：师德是教师最重要的素质，是教师之灵魂。一方面，师德决定了教师对学生的热爱和对事业的忠诚，决定了教师执着的追求和人格的高尚。另一方面，师德直接影响着学生们的成长。教师的理想信念、道德情操、人格魅力直接影响到学生的思想素质、道德品质和道德行为习惯的养成。高尚而富有魅力的师德就是一部活的教科书，就是一股强大的精神力量，对学生的影响是耳濡目染的、潜移默化的、受益终身的。

周济充分强调了师德在教师的职业生涯中所起的重要作用，其中"理想信念、道德情操、人格魅力"是师德中最核心的内涵。

1. 理想信念是师德的支柱

理想信念蕴含与标识着人的价值追求，是思想的总开关，是行动的总闸门。教师的理想信念是教师的政治立场和世界观在奋斗目标上的集中体现。习近平总书记在谈论新时代教师的理想信念时指出，广大教师要始终同党和人民站在一起，自觉做中国特色社会主义的坚定信仰者和忠实实践者。理想信念关乎个人未来发展的方向，青年的理想信念关乎国家的未来。新时代教师必须始终同党和人民站在一起，坚持教育是为人民服务、为中国特色社会主义服务、为改革开放和社会主义现代化建设服务的。青年时期是学生价值观形成的关键时期，教师作为学生在这一时期的主要引导者，自身必须有过硬的政治素质和坚定的理想信念。教师要把握好思想政治意识的总方向，引导学生树立远大理想，心系祖国和人民，勇于肩负起时代赋予的历史重任。

2. 道德情操是师德的关键

教师的道德情操是指教师在自己的职业生涯中遵守行为规范的基础上表现出来的、比较稳定的思想意识和行为品质。韩愈强调"道之所存，师之所存"，因此自有教师职业起，教师的"德"就被视为第一要素。针对教师的道德情操，习近平指出，"好老师应该取法乎上、见贤思齐，不断提高道德修养，提升人格品质，并把正确的道德观传授给学生"。可见，教师对学生的影响是深远持久、潜移默化的，学生会自觉不自觉地模仿教师的一言一行，因此教师必须不断提升自身道德修养，遵守职业道德，培养崇高的道德情操和良好的道德品质，以身作则，为学生树立良好榜样。

3. 人格魅力是师德的凝聚

人格魅力是指一个人在性格、气质、能力、道德品质等方面具有吸引人的力量。从教师的角度讲，教师作为学生的榜样，应该坚持诚信的原则，公平公正地对待每一位学生，并且又能够以扎实的学识、专业的素养、宽泛的眼界吸引学生兴趣，激发学生的学习热情。从学生的角度讲，教师的人格魅力是教师温暖的教育情怀，是教师对学生无私的爱，它是师德的核心。教师要做学生的良师益友，关注学生的身心健康，关心关爱每一名学生。教师应尊重学生的个性差异，关心他们的成长和发展，给予他们充分的关怀和支持，用真诚的态度、真挚的情感关怀每一名学生，让学生感受师者之爱。

教师所具有的理想信念、道德情操和人格魅力，反映了教师应该具备的基本素养和职业操守，是教师在职业生涯中应具备的道德品质和行为规范，这些内涵包括了道德品质、职业操守、教育方法和教育情怀等多个方面，因而表现出了多种特点。

（三）特点

师德师风的特点是师德师风内涵的具体展现，通过具体的行为和态度来体现教师的道德品质和职业操守，因此具有以下特点。

1. 高尚性和道德性

师德师风是教师职业行为的道德准则，要求教师具备高度的道德品质和职业道德操守，自觉遵守教师职业道德。教师应该以崇高的教育理想和职业道德为指导，以身作则，具备崇高的道德情操。

2. 公正性和公平性

师德师风要求教师在对待学生时要公正、公平，不偏袒和歧视任何学生。教师应该客观公正地评价学生，提供平等的教育机会，不因个人喜好或偏见对学生进行主观判断。

3. 专业性和专业知识

师德师风要求教师具备丰富的专业知识和教育技能，能够根据学生的特点和需求进行教学设计和实施教学。教师应该不断学习和更新知识，提高自身的专业素养。

4. 敬业性和奉献精神

师德师风要求教师具备高度的敬业精神和奉献精神。教师应该热爱教育事业，投入到教学工作中，尽力为学生的成长和发展提供支持和帮助。

5. 友善性和亲和力

师德师风要求教师与学生建立良好的师生关系，对学生关心、体贴、耐心，以友善和亲和的态度与学生相处。教师应该关注学生的成长和健康，关心学生的需求和困难，并与学生建立良好的沟通和信任关系。

6. 创新性和积极性

师德师风要求教师具备创新意识和积极主动的教育态度。教师应该不断探索和尝试新的教学方法和教学手段，激发学生的学习兴趣和潜能。

这些特点不仅是教师应具备的，也是评价教师职业素养和教育教学质量的重要标准。教师的高尚道德、敬业奉献在教育教学过程中为学生树立榜样，塑造学校良好形象，教师的公平公正、专业创新保障学生的受教育权，为学生提供多样的教学方式，提升学校品牌。因此，教师职业道德的特点展现出了多重意义。

第二节　师德师风建设的意义

习近平总书记在 2018 年召开的全国教育大会上指出，教师是人类灵魂的工程师，是人类文明的传承者，教师强则教育强，师德师风建设是培养教师作为优秀教育家的重要途径。通过加强教师职业道德建设，既可以提高教师的教育素养和职业水平，培养出一批具有崇高道德情操、学识渊博、敬业奉献的教育家，又能给予学生正确的道德引导，培养学生优良的品格和道德修养，帮助他们树立正确的人生观、世界观和价值观。教师和学生作为校园文化的重要组成部分，良好的师德师风建立了和谐的校园氛围。这将有利于教师工作和学生学习的积极性和创造性的发挥，推动学校的整体发展，以此推动整个社会教育的发展。因此，良好师德师风的建设对于学生、教师、学校、社会教育都有着重要的意义。

一、引路学生成长，办好人民教育

百年大计，教育为本。教师是立教之本、兴教之源，承担着让每个孩子健康成长、办好人民满意的教育的重任。良好的师德师风能塑造优秀的人格品质和行为习惯。教师的言行举止会直接或间接地影响到学生的行为模式和道德品质的形成。如果教师以身作则，展示出高尚的道德品质和正确的行为习惯，学生们也会受到潜移默化的影响，并逐渐养成积极向上的品质和习惯。不仅如此，师德师风对学生来说还意味着得到公正的对待和公平的机会。教师应该平等对待所有学生，不偏袒、不歧视，不给予特殊待遇或片面评价。只有教师具备公正的态度，尊重学生的个体差异，才能给予每个学生公平的机会和发展空间。

总的来说，师德师风建设对于学生意义重大。它不仅是教师应尽的职业责任，而且是对学生全面发展和健康成长的保障。教师只有具备高尚的师德师风，才能真正履行好教育者的使命，为学生提供一个良好的教育环境和示范。广大教师应牢固树立中国特色社会主义理想信念，带头践行社会主义核心价值观，自觉增强立德树人、教书育人的荣誉感和责任感，学为人师，行为示范，做学生健康成长的指导者和引路人。

二、寻求教师发展，提升品德素养

师德师风是教师职业形象的重要组成部分。良好的师德师风可以树立教师的正面形象，提升教师的社会地位和认可度。通过加强师德师风建设，教师可以不断提高自己的道德品质和职业水平，完善自己的教育理念和教育方法，不断提升自己的教育教学能力，努力成为先进思想文化的传播者、中国共产党执政的坚定支持者，更好地承担起学生健康成长的指导者和引路人的责任，从而实现个人的成长与发展。

教师是人类灵魂的工程师，承担着神圣使命。每个人都需要提升自我的综合素养，不断地学习，寻求自我发展，提升自己的品德修养，增强解决实际问题的能力，成为适应高质量的教育需要的高素质教师。

同时，师德师风直接关系到教育教学的质量。教师的师德师风决定了他们对待工作的态度和专业精神。良好的师德师风能够激发教师的教学热情，促使他们更加关注学生的全面发展和个性特点，以及培养学生的价值观和道德品质。要加强师德师风建设，必须坚持教书和育人相统一，坚持言传和身教相统一，坚持潜心问道和关注社会相统一，坚持学术自由和学术规范相统一，引导广大教师以德立身、以德立学、以德施教。师德师风也是学生人格品质和道德素养的重要影响因素。教师的言传身教对学生具有示范作用，良好的师德师风能够引导学生树立正确的人生观和价值观，引导他们形成积极健康的行为习惯和道德意识。它不仅体现了教师的道德修养和职业操守，还展示了教师对学生和教育事业的热爱和责任心。

总而言之，师德师风建设对于教师具有深远的意义。它能够塑造教师的职业形象，提升教育教学质量，指导学生的成长与发展，同时也促使教师自身的成长与进步。因此，教师应该始终坚守良好的师德师风，不断完善自己，为学生的成长和学校的发展做出积极的贡献。

三、保障学校工作，落实立德树人

随着时代的发展，师德师风建设不仅是教师个人的事，更是学校和教育部门，甚至整个社会都必须关注的事。师德师风建设是学校教师队伍建设最重要、最基础的工作。学校加强师德师风建设的领导和管理，把师德师风建设渗入教师日常的生活和工作当中，是学校发展的现实需要，也是学校发展的基石。首先，师德师风直接影响教师队伍整体素质，关乎培养什么人、怎样培养人、为谁培养人这个教育的根本问题，关乎立德树人根本任务的落实，以及培养社会主义建设者和接班人的教育使命和职责。当教师具备良好的师德师风时，能够树立学校的良好形象，增强学校的社会认可度。

其次，师德师风直接关系到教师的教学效果和学生的学习成果。只有具备良好的师德师风，教师才能以身作则、激发学生的学习热情，引导他们形成正确的学习态度和树立正确的价值观。通过良好的师德师风，教师可以建立起与学生的良好关系，促进学生的全面发展。

此外，师德师风对学校工作的意义还在于维护良好的校园秩序和教育环境。教师的言行举止会对学生产生示范效应，他们的师德师风影响着学生的道德行为和社会责任感。通过保持一种高尚的师德师风，教师可以在学校内树立起良好的道德风尚，帮助学生形成良好的行为习惯和规范。

师德师风建设不仅是教师履行职责的基本要求，更是学校提高教育质量和塑造良好学风的关键因素。教师只有具备高尚的师德师风，才能真正承担起培养优秀学生成长为社会栋梁的使命，并为学校的发展做出积极的贡献。

四、多元评价教师，推动教育发展

师德师风建设应该是每一所学校常抓不懈的工作，既要有严格制度规定，也要有日常教育督导。教师队伍师德师风总体是好的，绝大多数教师都敬重学问、关爱学生、严于律己、为人师表，受到学生尊敬和爱戴。同时，也要看到教师队伍中存在的一些问题。对出现的问题，我们要高度重视，认真解决。要引导教师把教书育人和自我修养结合起来，做到以德立身、以德立学、以德施教。

多元评价将师德师风纳入评价体系，可以引起社会对师德师风建设的重视。同时，多元评价也加强了对教师的监督，避免了个别教师在师德师风方面存在不良行为而未被察觉的情况。多元评价可以采用多种评价方法和工具，包括学生评价、同事评价、家长评价等。这样可以从不同维度获得对教师师德师风的评价，使评价结果更加全面客观。多元评价可以为教师提供反馈信息，帮助教师认识到自己的优势和不足之处。通过评价结果，教师可以进行自我反思，有针对性地改进自己的教学方法和师德师风表现，不断提升自己的职业素养。因此，多元评价将师德师风作为评价指标之一，教师们会更加重视自己的言行举止和职业操守。因为他们知道，良好的师德师风不仅能够得到学生、家长和同事的认可，还会对自己的职业发展和个人形象产生积极的影响。此外，多元评价需要各方参与，又促进了教师之间的交流与合作。通过评价过程，教师们可以互相借鉴经验，分享教学方法和师德经验，共同提高师德师风水平。

综上所述，多元评价师德师风的意义在于全面客观地评价教师的师德师风表现，帮助教师进行自我反思和提升，激发教师的工作动力，加强教师之间的交流与合作，并引起社会关注和加强监督。这有助于建立良好的教育生态，提高教师队伍整体素质，推动教育事业的发展。

第三节 师德师风建设的时代要求

一、国家政策文件要求

教师作为教育事业的第一资源，其队伍建设的质量影响着教育事业发展的走向。国家政策文件多次强调了师德师风建设的重要性和必要性，并提出了具体的要求和措施，旨在提高教师的专业素养和职业道德水平，促进教育事业的发展。表2-1是关于师德师风建设的国家政策文件。

表2-1 关于师德师风建设的国家政策文件

序号	国家政策文件	要求
1	《全日制普通高级中学新时期教师队伍建设规划（2019—2022年)》	该规划提出了加强师德师风建设的要求，要求教师要树立正确的职业理想和价值观，提高师德修养，弘扬教书育人的光荣传统。
2	《中小学教师队伍建设规划（2015—2020年)》	该规划强调教师师德师风建设，要求教师具备高尚的师德情操、扎实的学科知识和良好的教育教学能力，积极参与职业道德与师德建设活动。
3	《教师职业行为规范》	这是教育部发布的教师职业行为规范文件，明确了教师应遵守的基本职业道德准则，包括教育公平、教书育人、爱岗敬业、诚实守信等方面的要求。
4	《中共中央 国务院关于全面深化新时代教师队伍建设改革的意见》	这是中共中央、国务院发布的政策文件，明确表明要着力提升思想政治素质，全面加强师德师风建设。
5	《教育部关于进一步加强和改进新形势下教师职业道德建设的意见》	这是教育部针对当前形势发布的一系列政策文件，明确了师德师风建设的重要性，强调要加强教师道德教育和师德评价，增强教师的职业道德意识和提高教育教学水平。
6	《深化新时代教育评价改革总体方案》	这是中共中央、国务院印发的文件，方案明确要求，坚持把师德师风作为教师评价的第一标准。
7	《中小学教师职业行为准则》	这是教育部发布的针对中小学教师的职业行为准则，明确了教师在教育教学、师生关系、学科研究等方面的行为规范，以促进教师的师德师风建设。

因而，在新时代背景下，推动师德师风建设势在必行。

二、师德师风建设的具体要求

教师是人类灵魂的工程师，是人类文明的传承者。长期以来，广大教师贯彻党的教育方针，教书育人，呕心沥血，默默奉献，为国家发展和民族振兴做出了重大贡献。新时代对广大教师落实立德树人根本任务提出了新的更高要求，结合《新时代中小学教师职业行为十项准则》，我校特制定以下主要内容。

1. 诚实守信

诚实守信表现在教学上，就是认真备课，讲究教学艺术，追求教学效果，把知识完整地教给学生；表现在学术上，就是弘扬求真务实的科学精神，不弄虚作假，严守学术道德；表现在同志关系上，就是真诚待人，和睦相处，相互尊重，发扬团队精神；表现在育人上，就是要求学生做到的，自己先做到，说老实话，办老实事。

2. 勇担责任

勇于承担责任是为事之德的核心，师德的根本要求就是对学生负责任，传道、授业、解惑，就是要对工作负责，倾心俯首，用真情回报党和国家、家长和社会。

3. 乐于奉献

教师劳动的本质特征就在于奉献，新时期的奉献精神，要求教师既要照亮别人，也要发展自己，既要让每个学生走向成功，也要让教师的专业不断成长。

4. 热爱学生

教师对学生的爱，是师德的核心，即师魂。热爱学生，首先是尊重、理解学生，平等待人；视学生为朋友，对学生友善、宽容、耐心，决不放弃任何一个学生；努力为学生服务，永远把学生的需求放在第一位；保护学生安全，关心学生健康，维护学生权益。对学生的爱，就是要对学生的一生发展负责，而不是仅仅对学生考上高一级学校这一"瞬间"负责。

5. 为人师表

教师的人格魅力，会给学生留下深刻的印象，有着长久的影响。教师的人格力量包含教师的正义、公平、正直、仁慈，富有同情心、牺牲精神、学识渊博、善解人意等品格，教师要注重言传身教，模范履行师德规范，以身作则，以自己高尚的人格和品德去教育、影响学生。

6. 教书育人

遵循教育规律，实施素质教育。循循善诱，诲人不倦，因材施教。培养学生良好品行，激发学生创新精神，促进学生全面发展。不以分数作为评价学生的唯一标准。

7. 创新品格

新的时代需要创新，教育就必须培养创新人才。教师的创新品格，不仅仅是一种能力，从育人的角度来看，应视为一种道德品格。具有创新品格的教师，喜欢尝试困难和复杂的工作；追求高远目标，不怕挫折；善于接受新事物，不墨守成规，不迷信权威，敢于标新立异；富于想象，自信心强，具有竞争意识。

师德师风建设可进一步增强教师的责任感、使命感、荣誉感，规范职业行为，明确师德底线，引导广大教师努力成为有理想信念、有道德情操、有扎实学识、有仁爱之心的好老师，着力培养德智体美劳全面发展的社会主义建设者和接班人。

第四节　师德师风建设的实践探索

一、师德师风的现状分析

教师职业道德建设是教师队伍走向高质量发展的重要一步。因为德行是教师最重要的素质，其关乎教师队伍整体的建设。

当下，教师职业道德遭遇了困境。一方面，教师职业道德素质良莠不齐。一是教师职业道德失范问题严重，各大新闻媒体频频爆出师德丑闻，师德失范现象已经成为当下一个非常严重的问题。教师的学术造假、受贿行为、体罚学生等问题屡见不鲜，亟须解决。二是教师缺乏道德素养，仅将道德素养作为外在行为的规范，而不是内心的道德追求。这将导致道德模范被视为道德"神话"，游离在实践的边缘地带。

另一方面，教师的职业道德建设遇到了困难。从教师职业道德培养的角度来说：第一，教师职业道德建设方式单一，重理论轻实践，采用灌输式的教学方式。第二，教师职业道德教育的课程内容单一，不够创新，多以政策与规范的学习或者榜样学习为主。这样的课程设置缺少针对性。第三，教师职业道德评价多以教师行为为评价对象，以单一的规范为评价标准，进行结果性评价，忽视了教师内心道德素养发展的评价。这样的培养模式不利于教师主体性的发挥，不利于教师将外在行为规范内化为自身道德准则，甚至可能使其产生逆反心理。在教师职业道德制度建设方面：第一，有些学校不重视教师职业道德建设，认为其无关紧要，只要不影响正常教学即可。第二，将教师职业道德建设简单化。比如用同一个道德标准去规范所有阶段的教师，制定的道德规范中缺乏人文关怀，忽略了情境因素影响。

师德师风的现状如图 2-2 所示。

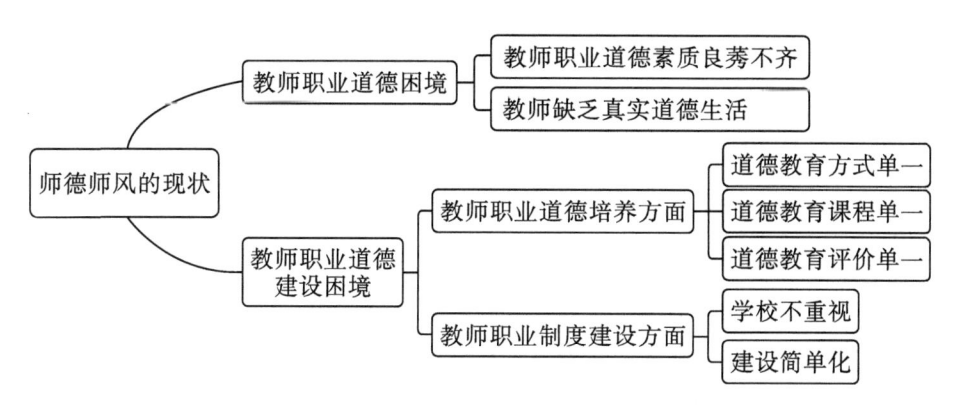

图 2-2 师德师风的现状

二、师德师风的校本实践

（一）校本实践的主要内容

桂外依据社会现状、教育需求以及学校发展背景，制定了师德师风的七大工程体系，包括依法执教工程、思想引领工程、榜样示范工程、监督警示工程、师德考核工程、人文关怀工程、校长讲党课工程。这七大工程围绕师德师风建设，不断完善师德师风的校本培训体系，分层分类加强教师队伍建设，以高质量的教师队伍助推高质量的教育发展，如图2-3所示。

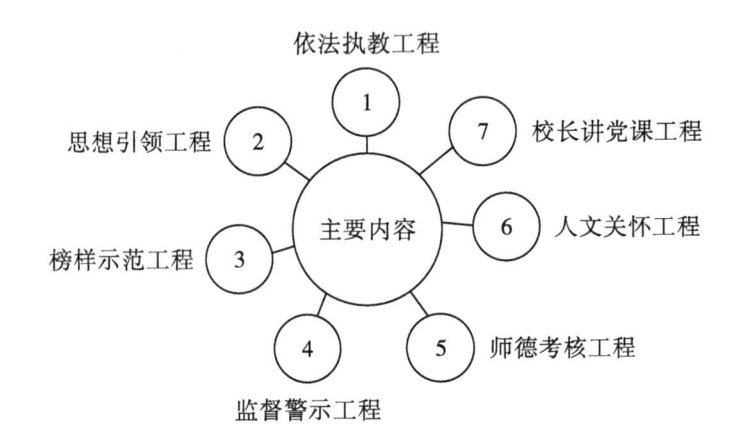

图2-3 校本实践的主要内容

1. 依法执教工程

教育领域有一系列法律法规对教育教学活动进行了规范，学校作为教育机构，必须遵守相关法律法规的要求。开展依法执教是学校的法定义务，也是符合国家法治建设的需要。桂外开展了"宪法晨读"活动，保障教育教学工作的正常进行和教师的职业发展。桂外要求教师按照一定的标准和要求进行教学，避免教师个体的主观性和片面性对教育质量的影响，从而确保教学内容科学、教学方法合理，保障学生的权益和教学效果。

依法执教还可以为教师提供明确的法律保障，确保教师的权益得到有效维护。教师在教学中可能会面临各种问题和挑战，如纠纷解决、薪资待遇、职业发展等，依法执教能够为教师提供合理的法律依据和维权途径。因此，桂外组织了教师学习《中华人民共和国教师法》《中华人民共和国未成年人保护法》《中小学教师职业道德规范》，让教师充分了解法律精神。

对于学校来说，依法执教可以为学校提供稳定的管理和运营环境，从而为教育改革和创新提供支持，有利于教育改革和发展。学校可以在法律框架下进行教学改革和创新，推动教育的现代化和充分发展，塑造了桂外的良好形象，增强社会对桂外的信任度和认可度。

2. 思想引领工程

思想引领活动能够使学校在社会中发挥更大的影响力。通过积极开展思想引领活动，学校可以培养出德智体美劳全面发展的优秀人才，为社会培养具有良好道德品质和创新能力的公民，增强学校的社会声誉和影响力。这也是对教师进行素质培养与专业发展的重要途径。通过思想引领活动，学校能够提升教师的教育水平和教育理念，改进教学方法与手段，进而提升整体教育质量。因此，桂外开展了"重温一次师德宣言承诺、签订一份拒绝有偿补课承诺、写好一篇德育征文、讲述一个英烈故事、朗诵一篇红色家书、书写一句教师教育承诺"的"六个一"活动，为教师的思想素养把关，增强教师的责任感和使命感，促进形成积极向上、健康向善的校园文化氛围，促使教师深入研究、学习和思考教育理论、心理学知识等，提高自身的教育水平和理论素养。同时，这指导着教师成为学生的榜样，教师是学生最直接的思想引导者和榜样，他们的言行举止直接影响着学生的思想和行为。教师可以通过自己的言传身教，塑造积极向上的形象，传递正确的价值观和道德观，引领学生树立正确的人生观和价值观，培养学生自主学习、创新思维、实践能力等，推动学生全面发展。

3. 榜样示范工程

为践行社会主义核心价值观，增强教师社会责任感，桂外通过宣传、表彰和奖励优秀的个人或集体，向大家展示成功者的经验和故事，让大家看到努力与付出的重要性。桂外树立"师德标兵"的教师形象，利用工作会、师德论坛分享会宣讲他们的师德故事，让教师在感动中相互学习，培植内心深沉的教育情怀。

通过树立榜样，还可以增强学校的凝聚力和向心力，可以使教职员工和学生都感到自豪，增强他们对学校的归属感和责任感。桂外通过创新期末总结会，让每一次的期末总结都成为教师期待的盛会，真实的故事、身边的人物使其既是表彰会又是师德培训会，树立了正面的典范和行为榜样，激发教师的工作热情和积极向上的精神，引导他们向优秀的方向努力，从而更加认真学习和努力进取。这种共同的价值追求和目标认同将有助于形成团结、向上的学校氛围。

榜样示范活动不仅对学校内部有影响，还对社会有推动作用。我们通过榜样示范来推进教师团队建设，收集学科教师典型的师德事迹，利用教研组活动开展师德培训，肯定成绩、查找不足，推进教师团队师德修养的不断提升，给社会传递正能量，引领社会风尚，推动整个社会朝着积极向上的方向发展。

4. 监督警示工程

师德师风是教师职业道德和教风学风的体现，直接关系到教育公平公正的实现。通过监督教师的师德师风，可以确保教师行为符合职业道德要求，可以发现教师在师德师风方面存在的问题和不足，为教育改革提供反馈和指导。桂外通过师德警示教育、师德意见箱、问卷调查、聘请社会监督员等多种形式引导教师知敬畏、守底线、不踩"红线"。当社会看到教育系统严格监督师德师风，能够及时发现并纠正不规范的行为，就会对教育系统产生更大的信任和尊重，从而提高整个教育体系的声誉和形象。

同时，师德师风监督也可以倒逼教师不断提高自身素质和专业能力，适应教育发展的需要。师德师风直接关系到教育教学质量的提升。只有具备高尚的师德师风，教师才能以身作则，发挥榜样的作用，激发学生的学习积极性和创造力。学校成立家长委员会，不断完善"社会、家长、学生、学校"四位一体的师德师风监督体系，通过监督教师的师德师风，可以推动教师全面提升教学水平，提高课堂教学质量。不偏袒不公、不利用权力地位对待学生，从而保障每个学生享有平等的教育机会，给学生提供一个良好的学习和成长环境。

综上所述，开展师德师风监督有助于维护教育公平公正，保障学生身心健康，提高教育教学质量，增强社会认同和信任，推动教育改革和发展。这些原因使得师德师风监督成为教育系统必不可少的一项工作。

5. 师德考核工程

教师是教育质量的关键因素之一，师德考核规范了教师的行为准则和职业道德要求，明确教师应该具备的素养和责任，保障学生的权益和利益。师德考核结果可以评估教师在教育实践中是否具备良好的师德，可以推动教师自觉遵守教育法律法规、诚实守信、尊重学生权益等方面的行为，可以发现并纠正教师可能存在的不当行为，如虐待学生、侵害学生权益等，从而保障学生的身心健康和受教育权益。建立良好的教育环境，从而提高教育质量。

师德考核不仅是对教师行为的评价，还是对教师发展的激励机制。师德考核结果可以为教师提供反馈和指导，帮助他们认清自身存在的问题和不足，并提供进一步的培训和发展机会，推动教师不断提高自身素质和能力。桂外把师德考核摆在教师考核的首位，师德考核不合格者年度考核评定为不合格，并取消其当年职称评审、评先推优、表彰奖励等资格；对违反师德师风的教师，在评奖评优、职务晋升、职称评定、工资晋级等方面进行"一票否决"；对师德考核优秀的，在职务评审、岗位聘用、评先评优时，同等条件下优先考虑。当社会看到教师接受师德考核并取得良好成绩时，会对教师职业充满信心，并对教育系统产生更大的认同和尊重。如图 2-4 所示，学校为 2022 年度考核优秀教师颁奖。

图 2-4　学校为 2022 年度考核优秀教师颁奖

6. 人文关怀工程

教师是学校中最重要的资源，教师的工作质量和态度直接影响着学生的学习效果和发展。通过人文关怀工程，学校关注着教师的需求和情感状态，提供心理和情感支持，桂外举行关注班主任心理活动，时刻关注教师心理状态。通过"心灵 SPA 活动"，为每位教师提供测评，让每个人都能深入了解自己的心理健康状况，解决心理困惑。同时，桂外不断争取提高教师的伙食标准，大幅度提升教师的待遇，协助外地年轻教师申请政府廉租房，解决教师停车难的问题，不断改善教师工作和生活条件，让教师能够安心从教，从而增强教师的幸福感和满意度，激发教师的工作热情和积极性，提高教师的教育教学水平。

人文关怀工程不仅关注教师的日常工作和生活需求，还关注其个人成长和专业发展。桂外可以为教师提供个性化的培训和发展机会，"青年教师大赛""班主任培训""街道集体备课"等活动帮助教师不断提升教学能力和教育教学理念，实现自我价值的全面发展。

人文关怀可以帮助学校建立起良好的合作关系。通过关注教师的需求和情感状态，加强教师队伍之间的沟通、理解和支持，学校能够建立起一个相互尊重、信任和合作的关系，增强教师之间的情感纽带。教师生病，校领导班子都去关心问候；教师婚嫁，校领导都亲自参加；教师生日，学校不忘送上一份祝福，让教师能够舒心从教。此外，学校设立了"校龄奖"，颁发学校功勋奖章，评选"校园最美教师"，增强教师归属感，让教师能够开心从教。

学校通过开展人文关怀工程，引导教师认可学校建设，支持学校活动，从而树立正确的教育理念和职业道德，培养其担当社会责任的意识，增强对学生和社会的关心和帮助，从而更好地履行教育使命，为学校的发展和学生的成长做出积极的贡献。

7. 校长讲党课工程

校长作为学校的最高管理者，在校园中起到了领导和示范的作用。张洪伟校长带领教师队伍编撰了《逐梦》一书，开展了校长亲自讲授党课活动，通过讲述党的历史、党的先进事迹和党的指导思想，激励全体教职工追随党的旗帜，坚定理想信念，不忘初心、牢记使命，进一步加强学校党员的思想政治教育，增强党员的党性修养和对党的理论知识的了解。这不仅有助于提高学校党员的政治素质，增强党组织的凝聚力和战斗力，还可以带动全体教职工对党的关心和支持。这对于推动学校发展、培养合格的社会主义建设者和接班人具有重要的意义。

校长讲党课还可以加强党组织与学校其他各层级的联系和沟通。通过党课，校长可以及时了解并回应教职工的关切和需求，听取意见建议，增进党员之间的交流与合作，发挥党员示范作用，形成共同的价值观和行动方向。同时，党课还可以帮助学校内部教职工更好地了解和认同党的工作，增强学校整体发展的凝聚力。此外，桂外还开展了"党支部纪律学习月"活动，参观社团实践活动（见图2-5）等，党员先行，党员示范，以此辐射全体教师，带动全员参与。通过这些活动，培养了教师正确的价值观和道德观念，促进学校良好的学风和校风建设，推动学校成为思想政治教育的重要阵地，更好地培养德智体美劳全面发展的社会主义建设者和接班人。

通过这七大工程的规范和管理，教师能够更加了解自己的职责和使命，促进学生的全面发展，学校也能够形成积极向上、充满活力、关注他人、互相

图 2-5　学校党员活动

尊重的校园氛围，激发教师和学生的创新潜力、合作精神和社会责任感，促进学校的健康发展。

（二）校本实践的主要特点

在校本实践中，不仅教师参与其中，还包括学生、家长和学校其他管理者的积极参与。通过建立师德师风的宣传和奖惩机制，形成系统性的建设方案和体系。同时，桂外根据发展目标和教师的实际情况，制订有针对性的培训方案和计划，一旦发现教师在师德师风方面存在问题，学校便开展有针对性的培训和指导。最后，学校还可以采用多方参与的机制，根据反馈和评估结果，及时进行调整和改进。因而，桂外关于师德师风建设的校本实践呈现出全员性、实践性、针对性、多元性的特点。

1. 全员性

师德师风的全员性指的是所有教育从业者都应该具备良好的师德和师风，不仅是教师，包括校长、教务人员、辅导员等教育工作者都应该遵守教育行业的职业道德准则，展现出良好的师德和师风。学校的每一位成员都应该以身作则，这不仅教师需要参与师德师风的培育，还需要学校管理层、教育行政部门、学生和家长等各利益相关方共同努力。学校建立了师德师风建设的跨部门协作机制，加强了各方之间的合作和沟通，共同推动整个师德师风建设的进程，共同营造一个积极向上、和谐有序的学习环境。

桂外对于师德师风的全员性，还要求教师积极参与教育改革和学科建设，不断提升自身的教育教学水平和专业素养，注重人文关怀，注重自身修养，以身作则，成为学生的榜样，这样才能更好地促进学校发展，提高教育教学质量，实现教育事业的可持续发展。在教学过程中，学校要求所有教育工作者必须坚持以学生为中心，秉持公正、公平、公开的原则，保护学生的权益，尊重学生的个体差异，激发他们的学习积极性和创造力。同时，教育工作者应具备高尚的职业操守，不利用职务之便谋取私利，不惩罚、歧视或虐待学生，时刻保持对学生的关怀和关注。

2. 实践性

师德师风是对教育从业者行为准则和规范的要求，具有明确的规范性。它要求教师以身作则，做到言行一致，遵守职业道德，尊重学生和同事，保持专业操守，等等。学校师德师风的建设，要求教育从业者在实践中能够具体行动起来。它不仅是一种理念或价值观，还需要转化为具体的行为举止和实际行动。教育从业者需要通过实际操作，在具体的教育环境中进行行动和实践，将师德师风的要求落实到教育工作中。桂外定期组织了师德师风培训和教育活动，通过专题讲座、研讨会、案例分析等形式，提高教师对师德师风意义和要求的认识，引导树立正确的教育理念和道德观念。

桂外还举行了教职工的优秀典型示范活动，引导全体教育工作者向他们学习，形成学校师德师风建设的良好氛围。同时，学校也加强了对教师的关怀，为教师提供必要的支持和帮助，使其能全身心地投入到教育工作中。桂外的师德师风建设，落地实践，促进教育从业者的职业道德水平和教育素养的提高，这将有助于构建一个良好的教育环境，推动学校教育事业不断向前发展。

3. 针对性

师德师风的针对性是指教师在教育教学活动中需要根据不同情境和对象的特点，采取不同的教育方式和行为准则，以达到更好的教育效果。桂外根据自身的发展需求和目标，明确希望以达成师德师风建设为目标，制定具体的措施和计划，以满足学校教育教学的特点和要求。桂外结合教师需求，针对不同的学科、年级等对教师的行为提出不同的要求，制定了详细的师德师风行为规范，制定了具体的培训、评价、激励等措施，明确教育从业者应遵守的道德准则和职业行为规范，包括教师的言行举止、对待学生的方式、与家长和同事的互动等方面，以促进教师的师德师风建设。

桂外还将师德师风建设纳入年度或长期规划中，明确具体的任务、流程和时间节点，通过系统性的组织和实施，逐步提升教师的师德师风素养。最后，学校还注重建立健全的管理机制和监督评估体系，以保障师德师风建设的持续性和有效性。学校可以建立相应的评估标准和反馈机制，对教师的师德师风行为进行监督和评价，并及时给予激励或纠正措施，以推动师德师风建设的深入开展。

4. 多元性

师德师风建设的多元性指的是在进行师德师风建设时，学校采取多种方式和方法，兼顾不同层面、不同方面的师德师风素养培养与提升。首先，桂外通过多元化的培训方式来开展师德师风建设。除了传统的讲座和培训班外，学校还引入多样化的教育培训形式，如研讨会、工作坊、学习小组等，提供不同领域的专业知识和道德伦理的培训，以满足教师的不同需求。其次，桂外推动了多元化的评价与激励机制。学校引用定期考核和晋升制度，还引入更加灵活的评价方式，如多方参与对教师的师德师风进行评价，并给予相应的激励措施，如荣誉称号、奖励等，以激发教师的积极性和主动性。此外，桂外开展了多元化的师德师风文化建设。学校组织了丰富多样的活动，如师德讲座、主题班会、演讲比赛等，营造良好的师德师风氛围。同时，学校还推广先进典型，通过传统媒体和新媒体的宣传，展示优秀教师的师德典范，引导和鼓励更多教师向他们学习。

总之，学校师德师风建设的多元性应当在培训方式、评价与激励机制、参与者和文化建设等方面进行考虑和实施。通过多种途径和方法，满足教师的不同需求，提升教师的师德师风素养，进而促进学校整体教育教学质量的提高。

三、师德师风建设取得成效

桂外以培养教师师德师风和提升教师师德师风水平为目标，开展了具体的教育实践活动。对于学生来说，丰富多样的师德师风实践活动，可以培养学生良好的道德品质和行为规范，同样，教师通过参与实际的教育实践活动，加深了对教育事业的责任感和使命感，提高了教育教学的专业水平和教育伦理意识。在学校层面，活动的积极开展，使得学校树立起良好的师德师风形象，提升了教师的社会认可度。这对于学校吸引优秀教师的加入、提高学校的声誉和品牌影响力具有积极作用。

（一）开展师德教育，促进学生发展

高素质的教师能够提供更好的教育服务，推动学生的全面发展，促进教育公平。桂外师德师风建设要求教师公正、公平对待每一个学生，不偏袒、不歧视，这有助于构建公平的教育环境，让每个学生都有平等的机会接受优质教育，提高公平性。并且，良好的师德师风能够激发学生对学习的兴趣和动力，教师的言传身教以及正确的引导能够帮助学生树立正确的学习态度和方法，从而使学生的学业水平得到提升。因此，近年来，学生获奖众多，多名学生参加桂城街道艺术展演作品评比荣获一、二等奖；多名学生在2020—2021学年桂城街道"科学户外观察+工程与实践"活动评比中荣获二、三等奖；李奕萱、曾睿琳、郭沛洋、黄依渲等学生被评为南海区"新时代好少年"，佳绩不断使桂外品牌显著。

桂外的师德师风建设注重学生的全面发展，桂外开展了"善美德育"教育，在教学过程中渗透德育，构建了"我爱我家""美丽的桂城""我爱家乡"等一系列德育课程体系，并开展了榜样教育月、感恩教育月等活动，通

过言传身教和引导，培养学生的综合素质，培养正确的价值观和道德观念，包括思想道德、科学文化、身心健康等各个方面的发展，强调诚实、守信、勤奋、友善等美德，使学生在知识、技能和人格等方面都能得到提升。

此外，教师的关爱和指导能够帮助学生树立正确的自我认知和自信心，鼓励学生发现自己的优点和潜力，从而培养健康积极的自我形象和心理状态；引导学生关注社会问题，培养他们对社会的责任感和担当精神；鼓励学生积极参与公益事业和社会实践活动，如春秋研学活动、红领巾社区志愿活动等，培养良好的公民意识。这些成果不仅对学生个人的成长和发展有着积极的影响，也为社会的进步和发展培养了一批积极向上、富有责任感的年轻人才。

（二）践行师德规范，提升教师素质

桂外开展师德师风建设以来，教师遵守道德底线，按照教育法律法规和职业道德规范从事教育工作，培养了一批道德情操高、职业素养高和专业水平高的教师，提供更好的教育服务。习近平总书记在考察北京师范大学时勉励广大师生要做"四有"好老师。"四有"好老师是指有理想信念、有道德情操、有扎实学识、有仁爱之心的老师。在日常的教学实践中，桂外要求教师把立德树人融入课堂教学、社会实践教育各环节，做有道德情操的好老师，做学生锤炼品格、学习知识、创新思维、奉献祖国的引路人。

同时，师德师风建设增强了教师的社会责任感，教师关心社会、关爱学生，积极参与社会实践活动，推动了教育与社会的良性互动。师德师风建设使教师队伍的师德意识得到进一步提高。教师们深入学习党的教育方针政策和教育法律法规，培养了教书育人的责任感和使命感，更加注重培养学生的综合素质和品德修养。建校以来，桂外多次开展教师培训活动，倡导教师积极参加各种师德师风培训和教育研讨活动，促进了教师的专业发展和教育教学水平的提高。同时，桂外鼓励教师开展教学研究和创新实践，不断提高自身的教育教学能力，这样一来，教师们的教学质量得到了明显的提升，许多教师获得奖项，如冯宇、李咏茵的论文《谈"1N"式"五维"素养教育课

程的开发与成效》获得佛山市一等奖，冯宇的专项课题"'五维'素养教育特色课程创建的实践和研究"成功结题，等等。

（三）建设师德文化，打造学校品牌

师德师风建设是学校社会形象的重要体现。桂外集中力量培养和践行师德师风，不仅吸引了更多优秀教师加入，还赢得了社会的认可和尊重。因此，桂外有着高素质的教师队伍，如关健安老师获得佛山市十大教学能手和广东省说课一等奖，郭林老师获南海区学科十大教学能手，孔令灿老师获南海区学科技能比赛一等奖，梁志咏老师获南海区优质课比赛一等奖，李咏茵老师获南海区班主任能力大赛一等奖，等等。

此外，师德师风建设不仅是教师个人的修养问题，还涉及学校的文化建设。通过加强师德师风建设，桂外形成了积极向上、团结进取的教育文化氛围。这种文化氛围将有助于学校实现全员发展、持续改进和稳定发展的目标。在一定程度上提升了我校的声誉和影响力。学校的师德师风建设得到社会各界的广泛认可和赞誉，提升了学校的教育品牌形象，吸引了更多的学生和家长选择桂外，有助于学校的良性循环和可持续发展。据悉，3 000 多名学生在 2023 年报名竞争桂外的 250 个学位，可见桂外的品牌竞争力。

总而言之，师德师风建设对于学校来说，是一项重要的任务和责任。它不仅关系到学校的声誉和形象，更关系到学校的教育质量和全面发展。只有加强师德师风建设，才能够为学生提供优质的教育和培养出更多的德智体美劳全面发展的人才。

第三章
固本——培养文化素养高的教师

第三章　固本——培养文化素养高的教师

文化素养是指人们在文化方面所具有的较为稳定的、内在的基本品质，表明人们在这些知识及与之相适应的能力行为、情感等方面的综合发展的质量、水平和个性特点。广义的文化素养包括人的基本品质、人的身体体质、各方面水平、本身的个性和内外的素养。它还指人们接受的人文社科类各种知识，包括哲学、社会历史学、文学等多方面的知识，如图3-1所示。

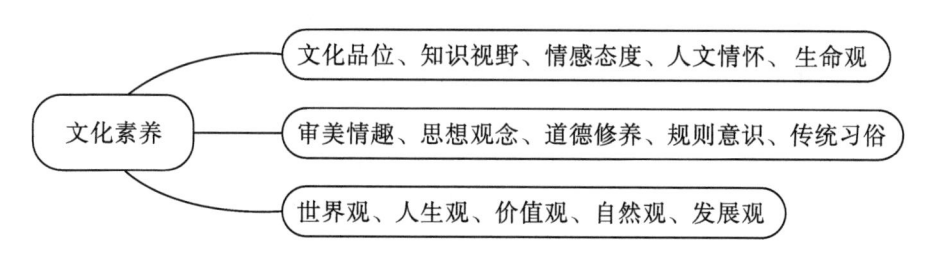

文化素养
- 文化品位、知识视野、情感态度、人文情怀、生命观
- 审美情趣、思想观念、道德修养、规则意识、传统习俗
- 世界观、人生观、价值观、自然观、发展观

图3-1　文化素养的概念

教师文化素养，指能顺利从事教育活动的基本品质或基础条件，教师应具有的文化素养，包括扎实的专业基础知识、广博的文化修养、丰富的教育理论知识和职业道德素养。教师文化素养，是教师在其职业生涯中，调节和处理与他人、与社会、与集体、与职业工作关系所应遵守的基本行为规范或行为准则，以及在这基础上所表现出来的观念意识和行为品质。本章所提的教师文化素养特指教师文化素养。

中华文化博大精深，源远流长，教师不仅要熟悉本专业知识，还提高文化素养。

第一节　提高教师文化素养的意义

一、提高文化素养才能适应时代发展需求

当前的世界处于激烈变革的时期，全球化和科技进步真正深刻影响着中

国的教育。提高自身文化素养是教师实现自身价值、促进自身发展、促进教育教学改革、为学生提供更好的服务及为社会培养全面发展人才之需要。在学校教育中，学生是主体，教师是主导，二者具有共同的目标和使命。学生是教育活动中最重要、最活跃、最直接、最具体和最生动的因素之一。作为教师必须具备良好文化素养，才能把科学文化知识传授给学生；才能激发学生学习兴趣，使之乐于学习；才能提高教学质量，使之更好地适应社会发展和人类进步对人才素质提出的要求。提高自身文化素养也是新课程改革对教师提出的新要求。

二、提高教师文化素养有利于促进社会公平

提高教师文化素养对于社会公平具有重要意义。教师文化素养的提升不仅能够提高教师的专业水平和教学质量，更能够在教育领域中促进社会公平的实现。

提高教师的文化素养，有利于培养更具专业素养和专业道德的教师队伍。这样的教师在教学中更能够关注每个学生的个性发展，提升教学效果，从而促进教育公平。优秀的教师能够引导学生树立正确的人生观、价值观，培养学生的综合素质，为社会公平提供均等的教育机会。

提高教师的文化素养可以激励教师不断学习和专业发展，保持教学活力和创新精神。这样的教师更能够适应不断变化的教育环境，更好地为学生提供优质的教育服务，促进社会公平的实现。文化素养高的教师往往能够灵活运用各种教学方法和手段，更好地满足不同学生的学习需求，促进学生的全面发展。这样的教学方式有利于弥补学生之间的差距，实现更加公平的教育。

因此，提高教师的文化素养是促进教育公平和社会公平的重要途径之一。通过教师的不懈努力和提升，可以为每个学生提供更平等的教育机会，实现教育公平，推动社会的公平发展。

三、提高文化素养有利于提高教师综合素质，培养创新人才

教师的文化素养不仅能够提高教学的专业性，还能够赋予教师更深刻的教育理念和教学思考，使教师能够更好地引导学生，发挥更大的教育影响力。提高文化素养意味着教师对各个领域的知识有更深入的了解和更广泛的涉猎。这使得教师能够以更全面的视野看待问题，提供更丰富的教学内容，并能够与学生进行深入的讨论和交流。教师的文化素养直接影响着教师对学生的引导和培养。通过提升自身的文化素养，教师能够更好地引导学生接触和了解不同文化领域，培养学生的综合能力，提高他们的人文素养和社会适应能力。

提高教师文化素养有助于促进师生之间的互动和交流。拥有广博知识和深厚文化底蕴的教师能够更好地与学生进行交流和沟通，了解学生的需求和困惑，从而更好地引导和帮助学生。同时，教师也能够通过自己的言行举止，为学生树立榜样，引导学生树立正确的价值观和人生观。教师的文化素养可以通过言传身教的方式，激发学生的人文关怀和社会责任感。教师以身作则，通过自身的文化修养和社会参与，引导学生关注社会问题，培养学生的公民意识和社会责任感。

拥有较高文化素养的教师能够更好地引导学生发现问题和解决问题，培养学生的创新意识和创新能力。同时，教师也能够通过自己的言传身教，培养学生的道德品质和人文素养，促进学生全面发展，培养创新人才。

第二节　教师文化素养的时代要求

文化素养是教师综合素质的重要组成部分。具备较高的文化素养可以拓宽教师的知识视野，增加教师的知识深度和广度，提高教师的学科素养和教学能力。

教师的文化素养直接关系到其教学水平。拥有丰富文化知识的教师能够更好地理解教材，把握教学重点和难点，设计出更具有针对性和实效性的教学方案。同时，教师也能够更好地运用教学技巧和方法，激发学生的学习兴趣和积极性，提高教学效果。提升教师的文化素养也有利于提高教师对教学资源的获取和利用能力。丰富的文化素养可以使教师更好地利用文化资源，丰富教学内容，创新教学方法。通过多样化的教学方法，教师可以更好地满足学生的不同学习需求，提高教学的针对性和个性化。同时，文化素养涉及教师对文化知识、艺术、人文思想等方面的理解和掌握。通过提升文化素养，教师能够更好地融入教学内容中，丰富教学资源，提升教学的深度和广度，从而提高教学质量。

《中国教育现代化2035》要求建设高素质专业化创新型教师队伍，要大力加强师德师风建设，将师德师风作为评价教师素质的第一标准，推动师德师风建设长效化、制度化。《教育部关于实施国家优秀中小学教师培养计划的意见》（教师〔2023〕5号）提出，为贯彻落实党的二十大精神，贯彻落实习近平总书记关于教育的重要论述，把加强教师队伍建设作为建设教育强国最重要的基础工作来抓，健全中国特色教师教育体系，推动高水平高校为中小学培养研究生层次高素质教师，让优秀的人培养更优秀的人。可见，只有切实提高教师文化素养，才能更好地落实文件要求，完成立德树人根本任务，满足人民群众对优质教育资源的需求，促进教师专业化发展和实现教育现代化。

教师是人类文明和智慧的传承者、创造者，既要有精深的专业知识和科学文化知识，也要有广博的人文素养、教育科学知识和实践经验（见图3-2）。这样才能让"经师"和"人师"达到统一，才能有对学生思想认识、生活经验、精神世界的深刻理解和感悟，真正做到因材施教。

```
                    ┌── 扎实的专业基础知识
                    │
                    ├── 丰富的教育理论知识
  培养文化素养高的教师 ─┤
                    ├── 崇高的职业道德素养
                    │
                    └── 高超的信息技术能力
```

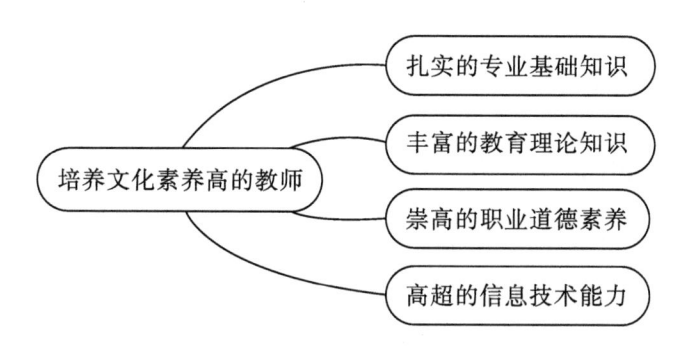

图 3-2 教师的文化素养

一、扎实的专业基础知识

教师要用广博的知识、扎实的专业底子去"征服学生"。在教育改革的背景下，教师需要不断适应教育教学的新要求，提高自身的专业素养和教学能力。教师通过自主规划可以帮助教师更好地了解自身的优势和不足，明确专业发展的目标与方向，从而制定出符合自身实际情况的专业发展规划。在自我规划的基础上，教师在自身已有的知识、技能和经验的基础上，通过自主选择、主动学习和探索，不断提高自身专业素养和教学能力，从而帮助自身适应教育改革的新要求，不断实现自我提升，提高自身的竞争力，实现持续发展和终身发展。

二、丰富的教育理论知识

通过理论学习，教师可以系统地掌握教育学科的基本理论和方法，加深对教育教学的理解。这有助于教师更好地应对教育实践中的挑战，提高教育教学质量。此外，理论学习可以帮助教师了解教育领域的最新动态和趋势，学习国内外先进的教育理念和方法。这有助于教师拓宽视野和思路，创新教育教学方法和手段。同时，理论学习可以帮助教师掌握教育研究的方法和技术，培养教师的科研能力。这有助于教师更好地理解教育教学实践中遇到的问题，开展有针对性的研究，提高教师的专业水平和学术地位。理论学习不仅能够促进教师的专业发展，更是教师专业发展的重要组成部分。通过理论学习，教师可以不断提升自己的专业素养和能力，适应教育教学的新需求和挑战，实现专业成长。

三、崇高的职业道德素养

"师者，所以传道受业解惑也。"出自唐代教育家韩愈的《师说》，教师是向受教育者传递人类积累的文化科学知识和进行思想政治品德教育的专业人员。"师德"是教师和一切教育工作者在从事教育活动中必须遵守的道德品质和行为准则的总要求。在中国，高尚师德源远流长。孔子时期就已总结了一整套教师道德行为规范，形成了我国最早的教师道德体系。尽管历经时代的变迁，但由历代教育者在长期的教育实践中提炼出来的经验结晶是不会过时的，由教师这个职业本质属性决定的教师职业道德的精髓是永恒的。

四、高超的信息技术能力

信息技术发展日新月异，深刻影响着教育教学，对教师素质提出了更高要求。信息化时代呼唤信息化的教师，如何更好地提高教师信息技术应用能力，使之适应信息化时代的要求？

新时代教师要不断更新教育教学观念，不断提升自身的学科素养、教育教学能力、管理能力、研究能力，以适应新时代对教师的要求。当今社会，科技发展日新月异，知识更新的速度也在加快。教师要不断学习新知识、新理论、新技术，并把这些知识运用于教学实践中，丰富自己的知识结构，从而适应教育改革的需要。随着信息技术在教育教学中的广泛应用，教师应掌握现代教育技术和信息技术，通过制作多媒体课件进行网络教学。还要善于将信息技术与学科教学整合起来，灵活运用多媒体等现代信息技术手段开展教学。教师只有具有广博深厚的知识基础，才能驾驭课堂。例如，在中小学教师进行现代教育技术培训时，他们可以结合自己的实际情况制作课件。课件是一种以计算机为中心的媒体组合方式和表达方式。课件制作可以利用计算机将教学内容展现出来。教师可以把教学内容转换为相应的图像和动画，使学生在视觉上产生新奇感和震撼感，从而激发学生的学习兴趣。

第三节 提高教师文化素养的实践探索

近年来，桂外探索了不少有效的校本实践，提高了教师文化素养。教师文化素养的提高也离不开学校的培育和自身实践。

一、校本研究，创新实践

（一）开发校本教材，形成学校文化特色

校本研修是教师专业成长的一条重要途径，也是提升教师文化素养的有效途径。学校可以通过组织专题研修、开设研修课程等形式，鼓励教师积极参与到校本研修中来。校本研修能够满足不同层次教师的需求，是促进教师专业成长的重要途径。通过校本研修，教师可以发现自身存在的问题，找到自己与他人之间的

图3-3 校本教材

差距，继而有针对性地进行反思和学习。同时，通过校本研修，教师可以在实践中学习新知识、新技能，并将自己的所学应用到实践中去。学校在课程建设中，结合学校实际开发校本教材（见图3-3）。在进行校本课程开发时，要根据本校学生的实际情况、学校的特色以及社会需求进行课程设计，充分考虑课程内容与学生生活经验的联系，突出校本课程的个性化特点，促进学生个性化发展（见图3-4）。在实际教学中，教师可以根据教学内容开发不同的校本教材。比如在进行语文学科教学时，教师可以结合课文内容开

发相应的阅读指导类校本教材。

教师在进行教育教学活动时，除了自己学习专业知识外，还要向其他教师学习学科知识。在与其他教师交流、讨论的过程中，教师可以了解其他教师在教育教学中使用的方法和技巧，从而不断提高自身的专业水平。教师之间可以互相借鉴对方在教育教学过程中使用的方法和技巧，并将其运用到自己的教育教学过程中去。我校要采取多种形式培养教师学习新知识、发现新问题、解决新问题的能力和创新能力，不断提高自身素质和文化素养，增强自己作为一名优秀教师的自信心和自豪感，形成独特的学校文化特色，更好地为学生服务。

图3-4 特色课程

（二）开发特色课程，活动育人

桂外可以通过培养和提升教师的"课程力"（教师从事课程活动和开展深度教学必备的关键能力）来提升教师的文化素养。通过开发和实施课程，为教师提供了丰富的学习资源，让他们可以在课堂中直接感受和学习新知识，不断增强教学技能；通过开发和实施课程，让教师体验到新理念、新技术的应用给教育带来的巨大变化，从而激发他们学习新知识、提升文化素养的热情。

桂外先明确特色课程的教学目标和学习成果，以确保课程的有效性和可衡量性。与此同时，学校再根据特色课程的主题和目标，确定课程所涵盖的具体内容。这些内容可以包括理论知识、实践技能、案例研究等，以满足学生的学习需求。然后，再确定特色课程的教学方法和策略，以促进学生的主动参与和深入学习。这可以包括讲座、小组讨论、实践操作、实地考察等多种教学方式。最后再设计特色课程的评估方式，以评价学生的学习成果和课程的有效性。评估方式可以包括考试、作业、项目报告、实践表现等多种形式。确定特色课程所需的教学资源和支持，包括教材、教具、实验设备、实践场地等。同时，特色课程还考虑到师资力量和技术支持，以确保特色课程的顺利进行。合理安排特色课程的学时和学期,以确保学生有足够的时间进行学习和实践(见表3-1)。同时,还需要考虑与其他课程的衔接和协调,以保证整体教学计划的顺利进行。

表 3-1 学校特色课程

特色课程类型	特色课程内容	实施方式	活动意义
体育类	轮滑、击剑、武术、跆拳道、网球、毽球、足球、篮球、乒乓球……	每周1~2次	1. 有助于调动学生学习的积极性和主动性,发展学生的兴趣、爱好和特长,提升自信心,培育其自主精神和独立能力。 2. 有助于学生结识新朋友,提高交往能力,丰富学生的学习生活,促进学生智能的全面发展。 3. 有助于提升学生的综合素质。
艺术类	舞蹈、形体、小提琴、打击乐、书法、数字油画、版画、口琴、大提琴……		
语言类	小主持人、演讲、诵读、小小演说家、手抄报、电影配音……		
科技类	机器人、创客、3D打印、科学实验、科普、魔术、魔方……		
劳动类	泥塑、插花、十字绣、编织、点心……		

不仅如此,教师在日常工作中还可以结合当地传统文化进行渗透和传播。在节日期间,教师可以带领学生开展各类传统节日庆祝活动,让学生了解和学习我国优秀传统文化(见表3-2)。通过培育和弘扬优秀传统文化,帮助教师和学生树立正确的文化观和历史观。

表 3-2　社会实践和研学活动意义

活动内容	活动意义
社会实践活动	通过各个年级不同类别的社会实践活动，磨炼学生的意志，让学生体会到社会实践活动的意义。
春、秋两季研学活动	在研学活动中培养学生热爱家乡、热爱祖国、热爱大自然的情感。

不同学科可以根据学生特点、学科特点开展不同的学习活动。如语文学科可以开展经典诵读、写作指导等活动，数学学科可以开展思维导图、数字运算等活动，英语学科可以开展英语歌曲、英文电影欣赏等活动。通过各种学习活动，教师可以将自己学到的知识运用到教育教学中去，提升学生的学习效果和综合素养。

学校以"五育并举"作为核心理念。其中研学课程包括红色课程、名校课程、乡土课程等。这些课程属于学科的延伸和整合，不但聚焦各学科的素养，而且统筹校内外课程资源，培养教师的跨学科实践能力，促使教师综合能力不断进阶、提升（见图3-5）。

图 3-5　2023年秋季学生研学活动

二、理论学习，素养提升

理论学习是提高教师专业素养的重要途径之一。在教育改革的背景下，教师应不断学习新的教育理念和方法，以适应时代的需求和发展。例如，学校可以组织教师参加教育心理学、课程与教学论等理论课程的学习活动；同时也可以鼓励教师参加各种形式的学术研讨会、经验交流会等学术活动。通过这些活动，可以帮助教师更好地了解当前教育的最新动态和发展趋势，从而不断更新自己的教育理念和方法。

（一）开展专题培训，提升教师的文化素养

学校可以采取专题培训的方式，重点加强对教师的专业知识、专业技能培训，促使教师的专业素养不断提升。

一是在每年开学初，组织全体教师进行新入职教师培训。通过系统学习，使新入职教师对新课标、新教材、新课程有一个全面的认识和理解。

二是在每年年底，组织全体教师开展为期一周的"学习周"活动，通过"学习周"活动，让教师从更高层面去把握学科知识的内涵。

三是每年都要对全体教师进行教学技能和专业知识培训。学校可以定期开展教学技能大赛、基本功大比武等活动，让每位教师在比赛中得到提升（见图3-6）。

图3-6 我校青年教师素养比赛剪影

四是对新上岗教师进行岗前培训。学校可以为每一位新上岗的教师安排专业导师，通过专业导师对新教师的引领，促使双方相互学习、共同进步。

（二）开展教学论坛，推进文化素养的提升

桂外以教师为主体，组织了"教学论坛"，以提高教师的教学水平。通过教学论坛，教师们可以畅所欲言，分享自己的教学心得和收获。江苏各地各校还鼓励教师根据自己的实际情况设计和组织形式多样、内容丰富、针对性强的教育教学论坛活动。如南京外国语学校的"英语教学论坛"就是将教学论坛与课堂教学结合起来，以"对话"为主题，让教师在活动中分享自己的教学经验和困惑，共同探讨解决问题的策略，并在实践中反思。这种"对话"型的论坛，有效地促进了教师之间的相互学习和交流。同时，这样的论坛还能够锻炼教师组织课堂教学活动的能力，促进教师深入思考、精心准备、有效组织课堂活动。

"教学论坛"为教师搭建了交流的平台，我校在组织"教学论坛"时，注重论坛内容的选择，突出主题，激发教师参与的兴趣。教师们在论坛上畅所欲言，发表自己在教育教学中遇到的问题，交流解决问题的方法和策略。通过学习交流，教师们都感到受益匪浅。

关健安老师在"教学论坛"上与我校教师分享了自己的教学心得和反思。他介绍了自己在课堂教学中如何关注学生、关注课堂、关注文化，并结合自己多年的教学经验和实践经验进行了全面而深刻的剖析。

教学论坛的内容十分丰富，它可以是关于某一主题的探讨，也可以是教师在日常教学中的点滴感受，还可以是教师与学生之间的一次面对面交流（见图3-7）。在讨论和交流中，教师们各抒己见、畅所欲言。在讨论过程中，教师们分享教学经验，共同探讨解决问题的策略，并在实践中反思自己的教学行为，从而使自己不断成长。教学论坛为教师们搭建了一个很好的交流平台，教师们不仅能畅所欲言地交流教学心得，还能学习到其他教师优秀的教学方法和策略。

图3-7 我校教师开展教学论坛活动

（三）建设教师专业发展平台，推进现代远程教师教育

桂外在大力提升教师专业素养的基础上，通过健全教师全员培训制度和体系，以支撑教师专业发展和终身学习。学校深入推进人工智能助推教师队伍建设，实施数字化赋能教师发展行动，推动教师积极应对技术变革，不断提升教育教学能力。

教师专业发展平台是指为促进教师专业发展而提供的资源、服务和管理的系统。其核心是资源、服务和管理，这是平台建设的重要内容。近年来，桂外以中小学教师信息技术应用能力提升工程为抓手，不断加强教育信息化建设，逐步形成了以教师信息技术应用能力提升工程为核心，以信息化环境下教学资源库建设与管理为重点的工作体系，初步形成了以教育资源库建设和应用为重点的教育信息化管理与服务体系。

加速信息技术与教育教学的深度融合。微课以其短小精悍的特点，很快成为我国教育信息化领域的一个活跃要素，在教育教学中得到了广泛的应用。微课"以学为中心"的设计理念更符合"互联网+"时代学生的认知规律。它不仅是一种新的教学资源、课程载体、学习资源，更是一种新的教学方式和学习方式，在课堂教学、自主学习、移动学习、翻转课堂、终身学习、泛在学习等领域具有广阔的用途，有效推进了信息技术与教育教学深度融合的进程。桂外通过开展教师培训、教学研究、教学观摩、微课比赛等活动，引导教师利用现代教育技术，开展信息技术与学科课程整合的教改实验基础的三级教师培训资源体系。同时，学校还积极开展网络研修活动，依托信息技术搭建学习交流平台，鼓励教师自主开展网络研修活动。

目前，桂外教师职后培训模式主要有两种：一种是集中面授培训，开展讲座；另一种是远程网络培训。集中面授培训，主要指开展提高文化素养的相关讲座。远程网络培训，它强调的是"以教师为中心"的模式，即教师在家中就可以接受培训。

远程网络培训不受时间、地点和费用的限制，其主要优点是可以突破时空的限制进行学习。它可以使教师在工作之余、在家里利用电脑就可以学习和掌握最新的教育理论和教育技术。但是远程网络培训也存在一些问题，如学习质量难以保证、学习效果难以监测等。要改革现有教师职后培训模式，就必须构建现代远程教师教育体系，整合优质教育资源和网络资源，实现优质资源共享，将远程教育与传统的在职教师培训相结合。

（四）利用教师发展中心，推动教师专业化成长

我校教师发展中心指导教师制定教师职业规划，建立教师发展档案。教师要想取得长足发展，必须为自己制定科学合理的职业规划，并对教师的后期执行和发展进行督导。为此，教师发展中心为每一位教师建立了成长档案，内容包括教师在教育教学活动中的各类过程性资料，如教学计划、优秀教案、学月反思、优秀论文、典型案例等，每学期由中心统一收集并整理，以此帮助教师更好地审视自我、突破自我，在反思中不断调整自己的职业规

划和成长目标，真正实现可持续发展，促进教师专业化成长。教师发展中心致力于引发教师躬身实践，注重引导教师不同阶段的成长。

1. 制定个人专业发展规划

教师需要根据自身的实际情况，制定个性化的专业发展规划。规划应该具有明确的目标和可行的措施，同时考虑到教育教学的实际情况。在制定规划时，教师可以参考其他教师的经验和成功案例，但不应盲目模仿他人，而是要根据自身情况进行个性化的规划和调整。

2. 定期反思和总结

教师需要定期进行反思和总结，分析自身的优势和不足，以及专业发展的进展情况。通过反思和总结，教师可以更好地了解自己的专业发展状况，及时发现问题并进行调整。反思和总结可以以学期或学年为单位进行，也可以根据具体的教学情况进行实时反思和总结。

3. 积极寻求外部支持

教师在自主规划过程中可以积极寻求外部支持，如参加教育研讨会、学术交流会议等。通过与同行交流和分享经验，教师可以更好地了解行业发展的趋势和方向，发现自身的不足之处并进行改进。同时，教师还可以向教育专家或导师寻求指导，获取更加专业的建议和支持。不断更新自己的知识和技能，提高自主规划的能力和水平。

不仅如此，我校教师发展中心为提高教师文化素养，还积极开展了各种活动。如我校每年都会组织一次"三笔字比赛"活动，教师在比赛中学习、反思和提升。通过参与"三笔字比赛"，让广大教师更加重视自己的三笔字。

我校还定期开展"四个一"活动：写一篇关于文化、文明、礼仪方面的文章；看一部与自己工作相关的电影；听一场讲座；读一本好书。这"四个一"活动既是对教师文化素养提升的鼓励，也是对教师文化素养提升工作的鞭策。

三、文化浸润，塑造品格

教师发展不应只局限于专业知识和技能的提升，而应是包含价值观念、道德情操、思维品质、专业知识与技能等在内的全方位的提升。只有如此，教师才能成为真正的"传道授业者"。

（一）全面贯彻党的教育方针，加强教师道德素养

提高教师的文化素养对于构建社会主义和谐社会、建设创新型国家具有重要意义。学校要全面贯彻党的教育方针，落实立德树人根本任务，培养德智体美劳全面发展的社会主义建设者和接班人，这

图 3-8　学原著，提升教师道德素养

对教师队伍的文化素养提出了更高的要求（见图 3-9）。桂外采取切实有效的措施，努力提高教师文化素养，在今后深入开展"加强师德建设、提高教育质量、促进学生健康成长"主题教育活动，切实加强教师队伍建设，全面提升教师文化素养。

（二）完善评价体系，增强教师对学校文化的认同

学校的文化生态是影响教师发展的重要因素，教师发展应与学校文化建设相互交融、彼此促进。学校要把教师作为一个富有生命力的"人"来对待，通过文化的浸润促进教师的发展。每个教师都有其独特的价值观、社会观和人生观，因而对学校办学理念、发展规划、文化建设等的理解也各有不同。如果教师能将个人教育信念融于学校办学愿景，认同学校文化，就会形成发展的自觉，为学校高质量办学注入原动力。学校可以围绕办学理念，展开对校园文化、行为文化、制度文化等的一体化建设，于潜移默化中熏陶教师成长，使教师成为学校文化生态的基础和主体，继而将这种主体性和文化认同感转化为教师在教育教学活动中的价值观念和行为方式，以此促进教师在专业发展的道路上快速成长。

1. 完善评价体系，让教师感受到发展的愉悦

评价体系是促进教师专业发展的重要保障。在构建评价体系时，应从教师文化素养的内涵出发，围绕教师文化素养的实践活动展开，根据不同的活动内容、不同的评价主体制定不同的评价指标，构建多元、立体的教师文化素养评价体系。

我校以师德师风建设为抓手，将师德师风建设与教师专业发展结合起来，通过开展"我身边的好老师""最美教师"评选等活动，在全校营造学习榜样、争当先进、赶超先进的良好氛围。同时，学校还可以设立"教育教学成果奖""优秀教学案例奖"等奖项，给予那些在教育教学上有突出贡献的教师以奖励。通过构建多元、立体的教师文化素养评价体系，促进广大教师不断提升自身文化素养。

2. 加强人文关怀，让教师体验到生活的快乐

学校要进一步完善教师工作、生活、学习等方面的保障机制，让教师安心从教、舒心从教。

学校可以加强校园文化建设，丰富校园文化生活，为教师创造舒适的学习、工作环境；可以增加体育场地设施，为教师开展体育活动提供便利；可以定期组织教师开展趣味运动会，促进师生和谐发展；可以定期举办各类文化艺术节、体育比赛等活动，通过活动增强教师的集体荣誉感和归属感；可以通过各种形式的活动，提高教师的工作积极性，促使教师在教育教学中更好地发挥主动性和创造性。

（三）阅读润心，书香致远

教师获得文化素养的主要途径就是读书。首先，学校要给教师创造阅读机会。学校订阅相应的书籍，供教师挑选。若教师遇到自己喜欢的书目，也可以给学校提供参考。对于不同成长层次的教师，书单也有所区别：新教师先读所教学的专业类书籍，学习他人的课堂教学技术、教学手段和方法经验；老教师重点阅读教育理论书籍和国学经典书籍，逐步形成自己的教学思想和教学理念。

书单的私人定制，让每位教师都能根据自身特点汲取所需的营养，从而

按照自己的成长规律，逐步来提升自己的能力。我校教师在教学中注重引导教师读一些教育理论著作，在读书中提高自己的理论水平，从而提高文化素养。

苏霍姆林斯基说过："在学校工作中我把书看作自己最好的朋友。如果学生把学校里学到的知识在实践中用起来，那就是一个真正优秀的教师了。"教师必须通过读书来提高自己的理论水平。

我校举办各种活动，如读书分享会、师生共读一本书、生活中的"名著"等让广大教师养成良好的课外阅读习惯，不断汲取人类文明和科学文化成果中的精华部分，不断拓宽自己的视野，使他们掌握科学文化知识和专业技术知识，使他们逐步提高自身修养、人文素养、道德素质，从而努力成为智慧型教师。

阅读是教师成长的重要途径，阅读能力是教师最基本的专业素养。我校结合教师专业发展，开展教师阅读提升工程，打造书香校园。在学校的倡导下，我校学生也积极参与到全民阅读活动中来。他们成立了读书社团，定期组织读书交流活动。师生们在一起交流读书心得，互相推荐好书，共同提高阅读能力。

教师是教育活动的设计者、组织者、实施者和评价者。阅读不仅能丰富教师的知识，还能提高教师的素质。我校的教师们对读书充满了兴趣，他们通过阅读改变着自己的教育思想和教育行为。在新课改理念的指引下，学校还积极开展教学研讨活动，让教师们通过学习去思考如何进行课堂教学改革。我们相信：在这个书香校园里，定会有更多的老师成为真正意义上的"四有"好老师。

（四）砥砺前行，一路生花

我校打造了一个高素质的项目教师团队：在项目实施过程中，我们探索出"五能教师"队伍建设的培养体系和培训模式。一批批教师迅速成长，从项目实践之初只有7位街道级名师，到现在拥有市、区、街道骨干教师21人。我校获得佛山市朗诵比赛特等奖。不少年轻教师和新加入的教师都实现了三年出彩、五年成骨干的梦想，在各项比赛中屡获殊荣，全面开花。关健安老师获得佛山市青年教师"十大教学能手"和广东省说课一等奖，赵岱老师获佛山市青年教师"十大教学能手"，许智瑛、杜婉媚老师获佛山市教师技能大赛一等奖，郭林老师获南海区学科"十大教学能手"，叶小兰、孔令灿老师获南海区学科技能比赛一等奖，梁志咏老师获南海区优质课比赛一等奖，李咏茵老师获南海区班主任能力大赛一等奖，黄越等一批老师获南海区优秀教师。我校连续三年获得南海区阅读素养培养先进单位一等奖等。

总之，文化素养是一个人综合素质的反映，也是一个人的道德品质、思想作风、精神境界和文化修养的集中体现。教师只有具备了较高文化素养后才能更好地进行教育教学工作。因此，中小学教师要不断提高自己的文化素养，积极主动地去学习、去实践、去研究、去创造，并在这一过程中不断完善自己、发展自己，成为高素质的合格教师。

第四章
强基——培养教学技能精的教师

第一节　教师教学技能的时代背景与重要意义

一、教师教学技能的时代背景

随着社会的不断发展和进步，教育的重要性越来越受到人们的关注。然而，当前我国教师教学技能水平参差不齐，一些教师在教学中存在诸如教学方法单一、课堂组织能力差等问题。这些问题不仅影响了教学质量，也制约了教师自身的发展。因此，加强教师教学技能的提升成为当前教育改革的重要任务之一。在这样的背景下，我国政府出台了一系列政策文件，加强对教师教学技能的培训和评价，以期提高教师的教学水平，推动我国教育的健康发展。

近年来，我国政府出台了一系列关于教师教学技能的政策文件，旨在加强教师队伍建设，提高教师的教学水平。这些政策文件包括：《国家中长期教育改革和发展规划纲要（2010—2020年）》《关于全面提高高等教育质量的若干意见》《中共中央　国务院关于全面深化新时代教师队伍建设改革的意见》等。其中为贯彻落实习近平总书记关于教育的重要论述特别是关于教师队伍建设的重要讲话精神，落实《中华人民共和国国民经济和社会发展第十四个五年规划和2035年远景目标纲要》有关要求，全面深化了新时代教师队伍建设改革，加强了高水平教师教育体系建设，培养造就高素质专业化创新型中小学教师队伍，着力构建优质均衡的基本公共教育服务体系，推动教育高质量发展。

推进落实新时代基础教育强师计划。研制加强教师教育体系建设的意见。切实推动师范院校把办好师范教育作为第一职责，鼓励综合性大学开设师范类专业。深入推进实施师范教育协同提质计划。继续实施"优师计划"，完善师范生公费教育体系。加强科学教育等紧缺领域教师培养，科教协同，着力提升中小学教师科学素养。

党的二十大报告明确提出，实施科教兴国战略，强化现代化建设人才支撑，将教育、科技、人才作为全面建设社会主义现代化国家的基础性、战略性支撑。2023年5月，习近平总书记在中共中央政治局第五次集体学习时强调，强教必先强师，要把加强教师队伍建设作为建设教育强国最重要的基础工作来抓，要健全中国特色教师教育体系，大力培养造就一支师德高尚、业务精湛、结构合理、充满活力的高素质专业化教师队伍，为加强教师队伍建设进一步明确了任务。

二、教师教学技能的重要意义

近年来国家对于加强教师队伍建设，提高教师教学水平非常重视，出台了许多相应政策，因此在新时代，提高教师业务水平和教育教学能力的重要性不言而喻，它不仅关系到教师的个人成长，更是直接影响到学生的学习成果和未来发展。以下将从几个方面阐述提高教师业务水平和教育教学能力的重要性。

1. 提高教师教学技能是教师职业发展的必然要求

教师作为一种专业性极强的职业，需要不断学习和提高自身的业务水平，包括学科知识、教学方法、课堂管理等方面。只有不断深化专业素养，教师才能更好地履行教书育人的职责，为学生的成长提供更有力的支持。

2. 提高教师教学技能是提升教育质量的根本保障

教育教学能力包括课程设计、教学策略、评价与反馈等方面，是教师顺利完成教学任务、达成教育目标的关键因素。优秀的教师能够根据学生的实际情况和课程要求，灵活运用各种教学方法和手段，提高课堂教学效果，从而提升整体教育质量。

此外，提高教师业务水平和教育教学能力有助于培养学生的学习能力和综合素质。在信息爆炸的时代，知识更新速度极快，学生需要具备自主学习、创新思维等能力。教师的引导和启发在培养学生的这些能力方面发挥着至关重要的作用。只有不断提高自身素质，教师才能更好地培养学生的综合素质，为他们的未来发展奠定坚实的基础。

3. 提高教师教学技能也是适应教育改革的需要

随着社会的发展和教育理念的更新，教育改革不断深入推进。教师需要关注教育改革动态，学习新的教育理念和教学方法，以适应教育改革的需求。只有不断更新观念、提升自我，教师才能更好地应对教育改革带来的挑战和机遇。

综上所述，提高教师业务水平和教育教学能力对于教师自身的发展、教育质量的提升以及学生的未来成长都具有重要意义。我们应该重视教师的职后培训和学习，创造良好的学术氛围和教育环境，激励教师不断提高自身素质，为教育事业的发展做出更大的贡献。

第二节 教师教学技能的内涵

教学技能是指教师运用已有的教学理论知识，通过练习而形成的稳固、复杂的教学行为系统。它既包括在教学理论基础上，按照一定方式进行反复练习或由于模仿而形成的初级教学技能，也包括在教学理论基础上因多次练习而形成的，达到自动化水平的高级教学技能，即教学技巧。教学技能是教师必备的教育教学技巧，它对取得良好的教学效果，实现教学的创新，具有积极的作用。教学技能是教师课堂教学与专业发展的基础。熟练应用教学技能是教师从新手型教师进阶为专家型教师的必备素养。教师教学技能的含义是教师在课堂教学中，依据教学理论，运用专业知识和教学经验等，使学生掌握学科基础知识、基本技能并受到思想教育等所采用的一系列教学行为方式。教学技能涵盖了广泛的领域，包括教学方法、学生管理、课程设计与评估、沟通技巧、教育技术应用、问题解决与适应能力以及自我反思与专业发展等。

课堂是教师教学的主阵地，课堂教学技能是面向全体学生进行教育的重要技能。因此本书重点阐述本校的课堂教学技能，主要包含以下几个方面。

（1）课程设计：教师需要根据学生的实际情况和教学大纲的要求，合理设计课程内容，包括课程目标、课程内容、课程进度和课程评价等。

（2）教学方法：教师需要根据学生的学习情况和课程特点，选择合适的教学方法，如讲授法、讨论法、案例分析法等，以提高学生的学习效果。

（3）课堂管理：教师需要有效地管理课堂，包括维护课堂秩序、激发学生的学习兴趣和积极性、促进师生互动等，创造一个良好的学习环境。

（4）学生评价：教师需要采用多种评价方式，如作品评定、口头表达等，全面评价学生的学习情况，以便及时调整教学策略。

（5）技术应用：教师需要掌握现代教育技术，如多媒体教学、在线教育等，将信息技术与教育教学相结合，提高教学效果。

教师需要不断提高自身的教学技能水平，为提高教学质量和培养优秀人才做出更大的贡献。

课堂教学能力是教师必须具备的基本能力，是教师在课堂教学模式下所体现出来的各种能力。基于以上指标，构建教师课堂教学能力评价的递阶层次体系，包括教学设计能力（E1）、讲授能力（E2）、监控能力（E3）、演示能力（E4）4个一级指标及13个二级指标，如图4－1所示。

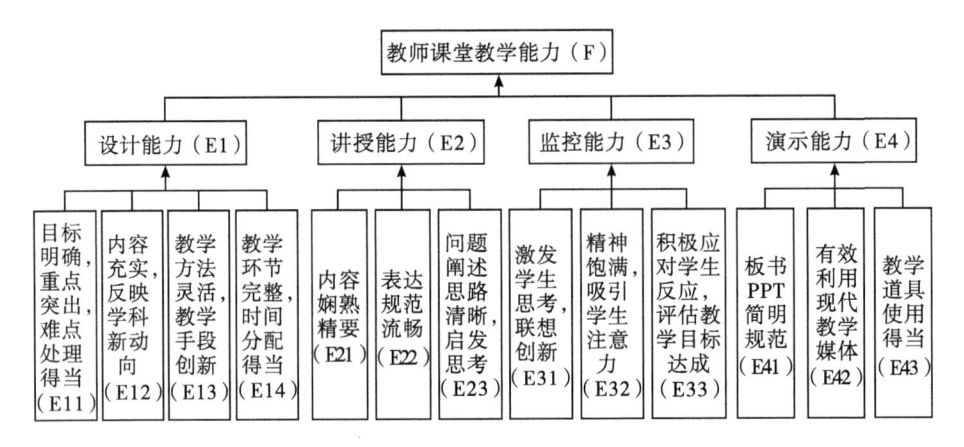

图4－1 教师课堂教学能力评价的递阶层次体系

第三节　教师教学技能的提升途径

教师的专业发展对于提高教师的教育水平和教学能力至关重要。教师专业发展是一项涉及教师个人成长和专业能力提升的系统性过程，旨在不断提高教师的专业素养、教育理论和实践能力。通过不断发展和成长，教师能够更好地适应教育环境的变化和学生的需求，为学生的学习和发展提供更好的支持。

1. 立足根本，组织定期理论研究，更新教学技能理论知识

学校通过科组会议、专家讲座、外出培训学习等方式组织教师进一步研究教育教学理论，研究课程标准，研究教学改革的先进经验。从研究人员、研究时间、研究内容、研究目标、效果考核等方面，完善研究制度，确保研究收到实效。充分利用教学光盘、教育网络等媒介，与名校对话，与名家对话，与名著对话，研究名校、名师的成功经验，更新教学理念，自觉地把新的理念转化为新的教学行为，以提高教师实施新课程的水平。

2. 依托师徒结对，反思教学技能，学习教学技能实践知识

为提高青年教师的业务水平，学校实施"青蓝工程"，学校对新教师实行师徒结对，并组织开展了多种形式的师徒结对活动。在指导教师的指导下，青年教师认真学习教育教学理论和专业知识，钻研教材教法，进行教育教学改革尝试和实践。青年教师虚心向资深教师学习请教，认真备课，钻研教材教法，虚心请教资深教师，积极参加各级各类优质课评比活动。教学常规上我们要求不到三年教龄的青年教师每周听师傅的课至少两节，对每一节公开课进行评课，上交评课稿给师傅指导，入职第一学期上跟岗课，第二学期上汇报课；教科研方面要求青年教师每年上交教学论文，第二年与师傅一起进行小课题研究，第三年自己申报小课题，使徒弟无论是在学科专业提升上，还是在德育的班主任工作方面都会有师傅带着进行学习，这对于教师个

人成长与迅速适应教育教学工作有着非常重要的作用。通过"青蓝工程"的实施，青年教师快速成长起来。学校已有5名青年教师成为校级骨干教师，12名青年教师成为街道级骨干教师。

3. **建构研究性教学实践共同体，开展教学技能行动研究**

教学技能提升是教师的一种复杂的反思实践过程，而反思实践意识和能力的提升需要教师系统地做研究。因此在学校层面开展的教学研究活动，是促进教师专业成长的有效途径。所以要立足课堂教学，开展教材研读、集体备课、听课评课、案例分析、互动交流等活动，让每位教师都经历一个学、教、研的全过程。对于热点问题、重点问题、疑难问题，可以以沙龙的形式组织研讨，各抒己见，形成共识。对于教学方法的探讨，要突出能否激发学生的研究兴趣，能否引导学生主动参与研究过程，能否形成学生良好的研究习惯和正确的研究策略，能否培养学生积极、健康的情感态度。此外，也可以开展优秀课堂、优秀论文、优秀案例评比等活动。学校要对校本教研的活动内容、活动过程、活动效果进行跟踪检查和指导，确保每位教师在校本教研活动中有收获、有提高。

4. **基于课堂观察，制作教学切片，提炼教学技能实践经验**

在信息技术与课堂教学的深度融合背景下，教学视频、录像的广泛使用成为分析教师教学技能的理想载体。视频录像类似于课堂观摩，可以全息化还原教学情境，重现技能应用的实践场景。根据这一特征，将教学视频文件切分为若干小段，使其聚焦某一类教学行为的做法称为教学切片。教学切片源自生理学、生物学中的切片概念，教育研究者将其引入教学研究领域，作为切选相应的教学片段、分析教师教学行为的实践术语。围绕教学切片分析教学技能的原理是对教学行为片段蕴含的经验反思和提炼。

5. **以赛促教，强势赋能专业发展，提升教学技能，历练成长**

教育教学技能比赛不仅是一次技能的比拼，更是一次专业的成长。通过参加比赛，教师们可以深度挖掘学科知识，创新教学方法，提升自身的教学技能。这种以赛促教的方式，能够为教师的专业发展注入强大的动力，促进教师快速成长。

比赛过程中,教师们会面临各种挑战和难题,需要不断思考和探索。这不仅可以锻炼教师的应变能力,更能激发教师的创新精神。在比赛中,教师们可以借鉴他人的优点,学习先进的教学理念和方法,反思自己的不足之处,从而不断完善自己的教学技能。同时,比赛也是教师之间交流学习的平台。通过与其他教师的交流和互动,教师可以了解更多的教学信息和资源,拓宽自己的教学视野。这种跨学科、跨领域的交流,有助于激发教师的教学灵感,提升教学质量。

当然,比赛的结果并不是最重要的,重要的是教师在比赛过程中所获得的成长和历练。通过比赛,教师可以更加明确自己的教学方向和目标,提高自身的教学水平。同时,比赛也是一种激励和鞭策,能够促使教师更加努力地提升自己的教学能力。

第四节　教师教学技能提升的校本实践

教师教学技能的校本实践有助于提高教学目标的有效性。通过实践,教师可以更好地理解课程目标的要求,掌握有效的教学方法,从而更好地达成教学目标。同时,教师也可以根据实际情况调整教学目标和方案,使其更符合学生的需求和实际情况。

根据以上的培养策略,学校结合实际情况,开展了一系列的校本实践,并取得了累累硕果。

1. 创新培训模式——五大工程

创新教师校本培训模式,通过五大工程(见图4-2),全方位、有计划、有措施地助力全体教师专业化成长。

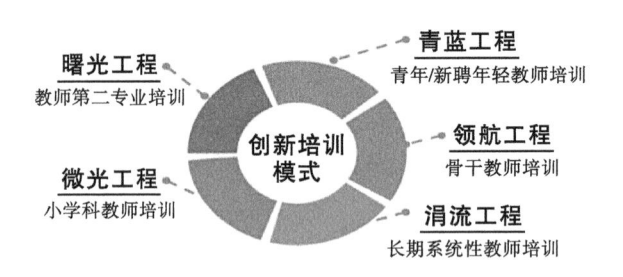

图 4-2 创新培训模式的五大工程

（1）青蓝工程——青年/新聘年轻教师培训。

为了让青年教师和新入职学校的教师尽快适应新岗位，我校开展了"青蓝工程"教师培训，制定"青蓝工程"教师发展方案，按照"一年跟岗，两年成才，五年成为名师"的目标锻造青年教师。其核心理念就是以老带新、以新促老，即学校聘请本校一些经验丰富的骨干教师、学科带头人等优秀教师担任青年教师的指导教师，手把手地把教学技能、教学艺术、师德素养等传授给青年教师，尽快提高他们的师德水平和业务能力，成为教学骨干，促进学校教师队伍可持续健康发展，夯实师资基础，为学校发展储备力量。

①制定规划，指导发展。

指导青年教师制定个人发展规划是实施"青蓝工程"的一项重要内容。在这个过程中，青年教师需要自我审视、自我诊断，并主动提高自己的素质和能力。同时，这也是一个实现青年教师对学校组织目标认同、行为跟进、融入团队的过程。通过制定个人发展规划，青年教师可以更好地规划自己的职业发展，提高自己的专业水平和教育教学能力。

首先，制定个人发展规划可以帮助青年教师更好地了解自己的优势和不足。在分析自身素质和专业特长的过程中，青年教师可以发现自己的潜力和特长，并在导师的指导下制定合适的发展目标和发展计划。这有助于青年教师找到自己的定位，更好地适应教育教学工作。

其次，制定个人发展规划可以帮助青年教师提高自己的专业水平和教育教学能力。在制定发展规划的过程中，青年教师可以明确自己的专业发展方向和教育教学目标,并在导师的指导下不断学习和实践。通过不断地积累经验、学习新知识、掌握新技能,青年教师可以逐步提高自己的专业水平和教育教学能力。

最后,制定个人发展规划可以帮助青年教师更好地融入团队。在教育教学工作中,团队合作是非常重要的。通过制定发展规划,青年教师可以更好地了解团队的目标和要求,并在导师的指导下积极参与团队活动和项目。这有助于青年教师与团队成员建立良好的合作关系,更好地融入团队,提高工作效率和质量。

在指导青年教师制定个人发展规划时,需要注意以下几点。

首先,要重视导师的作用。导师是青年教师的指导者和引路人,需要为青年教师提供指导和帮助。在制定发展规划的过程中,导师需要了解青年教师的优势和不足,帮助青年教师分析自身素质和专业特长,制定合适的发展目标和计划。同时,导师还需要关注青年教师的发展情况,定期进行诊断和指导。

其次,要注重实际操作和实践。在制定发展规划的过程中,青年教师需要注重实际操作和实践,通过实践来检验自己的发展成果和发展计划。导师需要为青年教师提供实践的机会和平台,鼓励青年教师积极参与教育教学实践,并在实践中发现问题和解决问题。

再次,要注重反思和总结。在制定发展规划的过程中,青年教师需要注重反思和总结自己的发展经验和教训。通过反思和总结,可以发现自己存在的问题和不足,找到进一步发展的方向和目标。同时也可以总结成功的经验和做法,为以后的发展提供借鉴和参考。

最后,要注重持续学习和提高。在制定发展规划的过程中,青年教师需要注重持续学习和提高自己的专业素养和教育教学的能力。通过不断学习新知识、掌握新技能、参与培训和交流活动,青年教师可以不断提高自己的专业水平和教育教学能力,实现可持续性发展和提高。

②结对拜师,名师指引。

为了让青年教师都能交上满意的答卷,学校为教龄在三年以内的青年教师指定了教学经验丰富的老教师作为指导教师。新老教师结对子，双方签订师徒合约，规定各自的职责和要求。在这个过程中，青年教师可以从老教师身上学习到丰富的教学经验和教学方法，同时也可以在实践中得到老教师的指导和帮助。

为了促进青年教师的成长，学校定期举办青年教师教育教学公开汇报课活动，召开师徒工作总结展示会议，考核师徒责任落实情况。在这些交流活动中，青年教师可以通过公开汇报课展示自己的教学成果和经验，同时也可以听取老教师的指导和意见，学习团队中其他人的成功经验。在这个过程中，青年教师可以通过不断的反思和总结，发现自己的不足之处，并找到进一步发展的方向和目标。

在老教师的指导下，青年教师需要承担一定的教学任务和责任。老教师需要为青年教师提供指导和帮助，关注青年教师的教学设计和实施过程，并及时给予指导和建议。同时，老教师还需要对青年教师的教育教学工作进行定期的评估和总结，帮助青年教师发现不足之处，并提供有效的指导和帮助。

在这个过程中，老教师也可以通过与青年教师的合作和交流，发现新的教学方法和经验，实现教学相长。除了老教师的指导和帮助外，团队中的其他教师也需要为青年教师的成长提供支持和帮助。团队中的其他教师可以通过分享自己的教学经验和教学方法，为青年教师提供参考和借鉴；也可以通过共同合作和交流，发现新的教学思路和方法，实现共同发展和提高。

在青年教师的成长过程中，自我反思和行为跟进也是非常重要的。青年教师需要不断反思自己的教育教学工作，分析自己的优势和不足之处，并找到进一步发展的方向和目标。同时还需要对自己的教育教学行为进行跟进和改进，不断探索新的教学方法和手段，提高自己的教学水平和质量。

除了以上提到的措施外，"青蓝工程"还综合采取以下措施来促进青年教师的成长和发展。

学校为青年教师提供各种培训和学习的机会，可以让他们接触到更广泛的教育教学理念和方法，提高自己的专业水平和教育教学能力。这些培训和学习机会可以是校内或者校外的，可以是针对某个学科或者年级的，可以是关于教育教学方法或者科研方法的。通过参加这些培训和学习活动，青年教师可以更好地了解教育教学的最新趋势和发展方向，同时也可以学习到一些实用的教育教学技巧和方法。

除了提供培训和学习的机会，学校还鼓励青年教师参与科研工作。通过参与科研项目，可以让青年教师更好地了解教育教学领域的最新研究成果和发展趋势，同时也可以提高自己的科研能力和水平。

学校鼓励青年教师申报课题，并提供必要的支持和帮助，让他们有机会参与到更高级别的科研项目中。这不仅可以提高青年教师的学术水平，还可以为学校带来更多的科研成果和荣誉。

为了更好地促进青年教师的成长和发展，学校还建立奖惩机制。对于表现优秀的青年教师，学校给予奖励和激励，如评选优秀青年教师、给予表彰或者推荐参加更高层次的培训和学习机会等。这不仅可以激励青年教师更加努力工作，还可以让他们获得更多的成长和发展机会。对于表现不佳的青年教师，学校给予必要的帮助和指导，或者进行适当的惩罚和纠正。通过这种奖惩机制，可以让青年教师认识到自己的不足之处，并找到改进的方向和动力。

针对不同青年教师的特点和需求，提供个性化的指导和支持。对于不同学科、不同年级的青年教师，提供有针对性的指导和支持，帮助他们更好地适应教育教学工作。比如对于新入职的青年教师，安排有经验的导师进行指导，帮助他们熟悉教学环境和教学方法；对于有特殊需求的青年教师，提供个性化的培训和支持，帮助他们克服困难并取得更好的教学效果。

除此之外，学校还鼓励青年教师参与社会实践活动。通过参与各种社会实践活动，如志愿服务、社会调查等，可以让青年教师更好地了解社会现实和社会需求，同时也可以提高自己的实践能力和综合素质。

学校还组织一些与教育教学相关的社会实践活动，如教育帮扶、教育咨询等，让青年教师有机会参与到实际的教育教学工作中。这不仅可以增加他们的实践经验，还可以提高他们的教育教学能力和职业素养。

③定期培训，快速提升。

在促进青年教师成长和发展方面，我校采取了一系列措施，其中最重要的是"青蓝工程"校本研修计划。这个计划旨在通过定期培训、狠抓常规、科研和以赛促成长等方式，帮助青年教师提高教育教学水平，适应教育教学工作，并为学校的可持续发展做出贡献。

在定期培训方面，学校为青年教师提供了丰富多彩的研修课程，包括教育法规、师德修养、心理拓展、说课评课、学生辅导以及与家长沟通等内容。这些课程旨在帮助青年教师解决在教育教学、人际交往和学科能力方面经常遇到的问题。同时，我们也注重课程形式的多样性，包括美文分享、案例反思、游戏体验、授课讲座和分组研讨等。这种多元化的课程形式可以让青年教师更好地参与到研修中，提高他们的学习积极性和效果。除了定期培训外，我们也在狠抓常规方面采取了一系列措施。

在教学常规方面，我校要求不到三年教龄的青年教师每周至少听两节师傅的课，并对每一节公开课进行评课。同时，入职第一学期要上跟岗课，第二学期则要上汇报课。

在科研方面，学校要求青年教师每年上交教学论文，第二年与导师一起进行小课题研究，第三年则要自己申报小课题。这些要求可以帮助青年教师更好地掌握教育教学规律和方法，提高他们的科研能力和水平。

在以赛促成长方面，在校内，学校每学期都会组织青年教师教学技能比赛，包括三笔字、课堂教学、说课、评课和微课等比赛。这些比赛可以帮助青年教师夯实教学技能，提高他们的教育教学水平。在校外，学校还鼓励青年教师积极参加上级教育行政部门组织的各种比赛，如班主任能力大赛、青年教师技能比赛、优质课比赛和说课比赛等。这些比赛可以让青年教师接触到更广阔的教育教学领域，了解更多的教育教学理念和方法，同时也可以提高他们的比赛技能和增强他们的心理素质。通过这些措施的实施，我们取得了显著的成果。近三年来，我们有近百人次的青年教师在比赛中获奖，其中包括市级以上奖项和省级以上奖项。这些成果的取得离不开学校对青年教师的支持和鼓励，也离不开青年教师自身的努力和拼搏精神。

除了以上几个方面的措施外，还可以采取以下措施来进一步促进青年教师的成长和发展。一是建立青年教师成长档案。为每一位青年教师建立成长档案，记录他们的成长历程、教育教学成果和科研成果等。这可以帮助青年教师更好地了解自己的成长轨迹和不足之处，同时也可以为他们的职业规划提供参考。二是开展个性化辅导。针对不同青年教师的特点和需求，开展个性化辅导和指导。三是加强团队合作。鼓励青年教师参与团队合作，共同开展教育教学研究、设计课程和分享经验等。这可以帮助青年教师更好地融入团队，提高团队协作能力，同时也可以促进他们的个人成长和发展。四是提供职业规划指导。为青年教师提供职业规划指导，帮助他们了解职业发展的方向和路径，提高他们的职业素养和职业竞争力。这可以帮助青年教师更好地实现自己的职业目标，同时也为学校的可持续发展提供保障。

经过几年的实践，我们非常欣慰地看到，一批青年教师在快速地成长。关健安老师一毕业就到我校任职，经过几年时间的浸润，获得了广东省说课一等奖、佛山市青年教师"十大教学能手"和"'南商'基金教学能手"称号。赵岱老师自2017年毕业到我校入职，2020年获得佛山市青年教师"十大教学能手""南海区优秀班主任"的称号和区小学综合实践活动青年教师教学能力大赛特等奖。"青蓝工程"不仅是青年教师提高素质和工作业绩、实现快速成长的载体，也是发挥学校管理干部和骨干教师的引领示范作用的平台，更是促进我校教师、学生和学校共同发展的纽带和桥梁。

（2）领航工程——骨干教师培训。

在培养青年教师的同时，我校更加重视发挥骨干教师的引领作用。为了更好地推动教师队伍的建设和发展，学校以打造桂外名师工作室的形式开展教师培训的领航工程。

桂外的名师工作室是由学校的骨干教师牵头成立的，以先进的教育思想为指导，为青年教师的专业成长和名师自我提升提供了一个高层次的平台。同时，名师工作室也提供了同专业教师之间交流的机会，使得教师们能够相互学习、相互借鉴，打造学校内高层次的教师团队。

名师工作室的组建采用的是双向选择的原则。学科带头人可以组建工作室，其他教师则可以根据自己的兴趣和需求自由选择加入。这种跨学科研究的方式，不仅有利于促进不同学科之间的交流和融合，还能够提高教师的综合素质和创新能力。每个工作室都有每学年的研究主题和方案，每次活动都有详细的记录，每学年还会进行工作室的工作汇报。这种规范化的管理和运作方式，不仅有利于监督和评估工作室的工作效果，还能够促进每个工作室成员的成长和发展。

同时，名师工作室还必须承担学校的"青蓝工程"活动。在这个活动中，名师们会与青年教师结对子，互相学习和帮助，共同成长。这种传帮带的方式，不仅有利于提高青年教师的教学水平和专业素养，还能够促进名师们自身的不断提升和发展。通过名师工作室这个平台，骨干教师的引领作用得到了充分的发挥。他们不仅为青年教师提供了指导和帮助，还通过自己的教育实践和教学研究，不断探索新的教学方法和经验，为学校的教育教学改革提供了有益的参考和启示。

①科研先导，专业提升。

教育教学的创新，需要有一支科研型教师队伍来推动。名师工作室在校本培训中也切实抓住"科研先导，专业提升"这一点，采用各种措施，促进青年教师成长。

A. 建设科研途径，营造科研机制。

为了提高工作室教师的科研能力，营造浓厚的科研氛围，鼓励教师在教学工作中有所发现、有所创新，工作室建立了多种科研途径。首先，通过典型案例和有关理论，大力宣传教科研与教育教学的关系，使青年教师明白教科研是教师可持续发展的动力，是提高教学质量的决定性因素，从而树立增强教科研意识及自觉性、主动性和迫切性。同时，我们引导青年教师将教科研融入平时的学习和实践中去，做到"四个结合"：读书与教学相结合，教学与教研相结合，教研与科研相结合，科研与写作相结合。其次，以教研组为单位，把教科研以课题研究的形式落实到每个教研组，促使教科研工作形式具体化、内容实际化、操作可行性、作用明显化。在这个过程中，我们注重培养青年教师的科研能力，包括选题能力、研究能力和写作能力。

B. 以课题研究为载体，提高青年教师科研水平。

工作室在进行青年教师校本培训的研究过程中，鼓励教师参加各级科研课题，学习先进教育理论，掌握一定的科研方法、原则，学会收集、整理各类教科研资料，学会选择选题，学会撰写方案和科研论文，参与到课题研究过程中。在这个过程中，我们尤其注重培养教师的实践能力和创新能力。我们采取了以下措施：一是定期组织教师进行科研培训。我们邀请有经验的专家、学者和教师举办讲座和培训，帮助教师了解科研的基本理论和方法，提高他们的研究能力和实践能力。二是鼓励教师参与课题研究。我们鼓励教师积极参与各级各类课题研究，通过实际的研究工作，提高教师的科研水平和创新能力。三是指导教师进行选题选择和写作。我们指导教师学会选择具有实际意义和应用价值的研究课题，并帮助他们撰写研究方案和科研论文。四是组织教师进行交流和分享。我们定期组织教师进行交流和分享活动，让教师分享自己的研究成果和实践经验，通过互相学习和交流，提高教师的科研水平和创新能力。

通过这些措施的实施，学校的名师工作室在校本培训中取得了显著的成效。青年教师的科研能力和实践能力得到了显著提高，他们能够独立进行课题研究，并取得了一定的研究成果。同时，他们的教学质量也得到了显著提高，受到学生和家长的高度评价。

目前我校的名师工作室主持人都有自己的研究课题，戚海柱、黄忠健工作室主持人参与了省级课题的研究，关健安、李咏茵等工作室主持人主持了市级课题，梁结梅、朱晓媚、何敏嫦、黄晓华工作室主持人主持了市、区级课题。这些主持人带领自己的工作室成员参与课题研究，同时鼓励成员申报区级、街道级小课题研究，以此提升自己的教科研水平。未来，学校将继续努力建设一支高素质的科研型教师队伍，通过不断创新研修模式，培养更多具有"五能"素质的教师。我们将继续加强科研工作，营造浓厚的科研氛围，鼓励教师积极参与课题研究，提高他们的科研水平和创新能力。同时，学校也将注重培养教师的实践能力和创新能力，让他们能够将所学到的知识和技能应用到实际工作中去，为教育事业做出更大的贡献。

②内外联动，助推成长。

在自我内驱的基础上，学校大力推动名师工作室实施外联策略，名家指导，让工作室快速成长。我校目前有11个名师工作室，在学校的支持下，工作室主持人纷纷联手其他区、街道工作室开展活动，或者是邀请名家到校指导，或者是走出学校参观学习，为工作室成员构建更高更大的发展平台。

首先，学校为名师工作室提供了丰富的资源和支持。学校为每个名师工作室配备了专业的场地和设备，满足了他们在教育教学、科研等方面的需求。同时，学校还为工作室提供了经费和人力资源的支持，确保他们能够顺利开展各项工作。

其次，学校鼓励名师工作室与其他区、街道的工作室进行合作和交流。这种合作和交流不仅能够促进工作室之间的相互学习和借鉴，还能够增强工作室的影响力和辐射作用。例如，梁结梅工作室在南海区的综合实践活动中展示了黄羿晴老师的创客课程，得到了广泛的好评和认可，通过与其他工作室的合作和交流，提高了黄羿晴老师的影响力和知名度。

此外，学校还邀请了市、区、街道的教研员、名师到校指导。这些专家和学者具有丰富的经验和深厚的理论功底，他们的指导和建议对于名师工作室的发展具有重要的意义。通过他们的指导，工作室能够更好地把握教育教学的方向和趋势，提高教育教学水平和科研能力。彭神保、李咏茵、黄晓华、关健安、朱晓媚工作室纷纷邀请市、区、街道的教研员、名师到校指导，提高了自己的教育教学水平和科研能力。为了进一步推动名师工作室的发展，学校还组织了一批工作室主持人远赴杭州天长实验学校、丁荷学校参观学习。在这些学校，工作室主持人学习了先进的教育教学理念和方法，吸取了其他学校的成功经验。通过这种参观学习和交流，工作室主持人不仅能够拓宽视野，还能够提高教育教学水平和创新能力。

学校还鼓励名师工作室进行跨学科的合作和交流。例如，一个语文名师工作室可以与数学、英语、科学等其他学科的工作室进行合作和交流，共同探讨跨学科的教育教学问题。这种跨学科的合作和交流不仅能够拓宽视野，还能够提高教师的综合素质和能力。

通过一系列的举措，学校为名师工作室提供了强大的支持和保障，促进了工作室的快速发展和成长。

在未来的发展中，学校将继续加大对名师工作室的支持和保障力度。例如，学校将加大对名师工作室的经费支持，鼓励他们开展更多的教育教学科研项目；加强对名师工作室成员的培训和指导，提高他们的教育教学水平和创新能力；加强与其他学校、教育机构的合作和交流，拓宽视野、吸取经验；加强与社会的联系和互动，增强社会责任感和服务意识；等等。

总之，通过内驱和外联策略的结合，学校为名师工作室提供了强大的支持和保障，促进了他们的快速发展和成长。同时，通过跨学科的合作和交流、与社会的互动等措施，提高了教师的综合素质和能力。这种支持和保障措施不仅有利于教师个人的成长和发展，也有利于整个教育事业的进步和发展。

（3）涓流工程——长期系统性教师培训。

近年来，我校的教师队伍结构发生了较大变化。中青年教师成为主体，他们朝气蓬勃、精力充沛，具有丰富的实践经验和扎实的专业知识。然而，我们也面临着一些挑战。部分中老年教师受传统教育观念影响，教学方法单一，缺乏创新，难以适应新时代的教育需求。为了解决这些问题，我们以高效课堂评估为切入点，以课堂教学改革为中心，以提高教师自身素质和专业化建设为着力点，加强对全校教师进行校本研修。

首先，开展了多元化、有针对性的培训活动。通过定期组织专题讲座、研讨会、经验分享会等，让教师们深入了解新的教育理念和教学方法。鼓励教师们进行教学反思，分享自己的教学经验和成果，相互学习和借鉴。其次，我们注重培养教师的实践能力和创新能力。我们组织了各种教学技能竞赛和展示活动，让教师们在实践中锻炼自己的教学技能。

同时，鼓励教师们尝试新的教学方法和手段，如情景教学、项目式学习等，以激发学生的学习热情和创造力。我们通过开展团队拓展活动、组织跨学科交流等方式，增强教师们的团队合作意识和能力。

针对遇到的一些困难和挑战，学校采取了以下措施：一是加强对教师的思想引导。通过组织学习、宣传新的教育理念和教学方法，让教师们认识到它们的重要性和优势，从而转变他们的教学观念。学校还邀请优秀的教育工作者进行讲座和示范课，提供个性化的培训支持。针对不同年龄段、不同发展阶段的教师需求，提供个性化的培训支持。例如，为老教师提供专门的教学技能培训，为年轻教师提供更多的教学理论和实践指导，帮助他们逐步提高自己的教学水平和能力。二是建立激励机制。学校设立了优秀教学成果奖、优秀教育工作者等奖项，以激励教师们积极投身教育教学改革。建立教师晋升制度，为优秀教师提供更多的发展机会和资源支持。三是营造良好的教育氛围。努力营造一个民主、开放、和谐的教育氛围，鼓励教师们勇于尝试新的教学方法和手段。四是加强校园文化建设，通过举办各种文化活动、学术交流活动等，提高教师们的综合素质和能力水平。

通过这些措施的实施和努力，学校取得了一些显著的成果。教师的教育教学观念得到了更新和转变，重"教"轻"学"的现象得到了有效改善。教师的课堂教学水平得到了提高，学生们的学习兴趣和参与度也得到了提升。同时，教师的综合素质和专业化水平也得到了明显提高，学校的教育教学质量得到了进一步发展和提升。

然而，我们也意识到在实施过程中仍存在一些问题和不足之处。例如，部分老教师的传统观念难以转变，需要更多的时间和耐心进行引导；部分年轻教师的教学经验和能力仍有待提高等。针对这些问题和不足之处，我们将继续努力改进和完善我们的工作方法和措施。

在未来的发展中，学校将加强对年轻教师的培养和指导力度，提供更多的机会和资源支持；将鼓励教师们开展教育教学研究工作，推动教育教学改革创新；加强与教育界和社会的合作与交流，吸收和借鉴其他学校和社会机构的先进经验和做法；等等。

①落实"四抓"措施。

为了提高课堂教学质量，我校积极实行"四抓"措施，即集体备课、模式研究、教学评价、教师成长。

A. 集体备课。

要求所有教师参与，共同探讨课程设置、教学内容、教学方法等方面的问题。通过集体的力量，我们能够找出教学中存在的问题，并找出解决问题的方法和策略。

B. 模式研究。

在模式研究中，要求所有教师深入探讨各种教学模式，如情景教学、项目式学习、翻转课堂等，并结合自己的教学实际，选择适合自己班级的教学模式。通过实践和研究，不断完善自己的教学方法和手段。

C. 教学评价。

在教学评价中，要求所有教师对学生进行评价，包括学生的学习效果、学习态度、学习难度等方面。教师们也可以通过评价结果，对自己的教学效果进行反思和总结，不断改进自己的教学方法和手段。

D. 教师成长。

自我学习：教师们要根据自己的教学需求和兴趣爱好，选择适合自己的学习内容和学习方式，如阅读专业书籍、参加培训课程等。

初步实践：在自我学习的基础上，教师们要尝试将所学的知识和技能应用到自己的课堂教学中。

总结反思：在初步实践的基础上，教师要进行认真总结和反思。总结自己在实践中获得的经验和教训，反思自己的教学方法和效果，找出自己需要进一步改进和提高的地方。

再学习：在总结反思的基础上，教师要进行再学习。针对自己存在的不足之处和需要改进的地方，重新选择学习内容和方式，进一步拓宽自己的知识面和视野，提高自己的专业素养和能力水平。

再实践：在再学习的基础上，教师要再次尝试将所学的知识和技能应用到自己的课堂教学中。

"自我学习—初步实践—总结反思—再学习—再实践"的模式不仅有助于提高教师的教学质量，也有助于促进学校的整体发展和进步。同时，我校也将继续关注和支持教师的成长和发展，为学校的发展提供强有力的人才支持。

②邀请专家指导。

学校每学期邀请专家、名师到校开展讲座培训，是提升教师业务水平的重要途径。这种培训方式不仅可以让教师们接触到最新的教育理念和教学方法，还可以通过与专家、名师的交流互动，解决教学中的实际问题。以下是学校邀请专家、名师到校进行讲座培训的具体做法和效果。

A. 邀请范围广泛，涵盖多个领域。

学校每学期邀请的专家、名师来自不同的领域，涵盖了教育、教学、管理、科研等多个方面。例如，邀请广东省教育研究院的梁惠燕老师做论文写作讲座，让教师们了解教育科研的方法和技巧，提高教师的科研能力；邀请南海区教育发展中心的禹飚主任做师德讲座，让教师们深入了解师德的重要性，提高教师的职业道德素养；邀请南海区语文教研员朱志衡校长做命题培训，让教师们掌握语文命题的技巧和方法，提高教师的教学水平。

B. 结合实际需求，制定培训主题。

学校在邀请专家、名师到校进行讲座培训时，会结合实际需求和教师的需要，制定相应的培训主题。例如，针对教师们在课堂教学中遇到的问题，邀请了禹飚主任做了"如何提高课堂效率"的师德讲座，让教师们了解了提高课堂效率的方法和技巧，解决了教师们在课堂教学中遇到的实际问题。

C. 采用多种形式，增强培训效果。

为了让教师们更好地参与到讲座培训中来，学校采用了多种形式，包括现场互动、小组讨论、案例分析等。例如，在梁惠燕老师的论文写作讲座中，教师们可以现场提问、互动，通过实际案例的分析和讨论，更好地掌握论文写作的方法和技巧。

总之，学校每学期邀请专家、名师到校进行讲座培训，是全面提升教师业务水平的重要途径。通过这种培训方式，教师们可以接触到最新的教育理念和教学方法，提高自己的专业素养和实践能力，也可以培养自己的科研能力。

③开展教学沙龙。

为了提高青年教师的教学水平，学校要求每一学科以课题组或备课组为单位，就青年教师各自所教学科的教学疑点、难点、重点进行专题研讨并相互借鉴。以下是学校开展专题研讨的具体做法和效果。

A. 组织课题组或备课组，开展专题研讨。

学校根据学科分类，组织课题组或备课组，由有经验的教师担任组长，带领组员开展专题研讨。在研讨过程中，组员们可以提出自己在教学中遇到的问题和困惑，共同探讨解决方案。组长还可以组织组员们就某一重点、难点问题进行深入研究和探讨，分享各自的教学经验和做法，相互借鉴和学习。

B. 制订研讨计划，确保活动有序开展。

为了确保专题研讨有序开展，学校制订了详细的研讨计划。每个课题组或备课组在学期初就要确定本学期的研讨主题和活动安排，确保研讨活动有计划、有目标地进行。学校还建立了专门的教学研究档案，记录每位教师的研讨情况和成果，为后续的考核和评价提供依据。

C. 注重经验总结，提炼教学成果。

在专题研讨过程中，学校要求教师们注重经验总结和成果提炼。每个教师都要对自己的教学经验和做法进行总结和反思，形成一定的研究成果。这些成果可以是一些教学论文、教学案例、教学反思等，可以用于教师之间的交流和分享，也可以用于学校的教学研究和教学改革。

D. 激励教师成长，促进整体发展。

通过专题研讨活动的开展，学校激励教师不断成长和发展。在研讨过程中，教师们可以相互学习和借鉴，取长补短，不断提高自己的教学水平和能力。学校也鼓励教师们积极参与各种教学比赛和评比活动，通过比赛和评比，激发教师的积极性和创造力，促进整体发展。

E. 成果展示和表彰。

在专题研讨活动结束后，学校会组织成果展示和表彰活动，让教师们展示自己在研讨中所取得的成绩和成果，同时也为其他教师提供参考和借鉴的机会；对表现突出、成果显著的教师在全校范围内进行表彰和奖励，鼓励教师们再接再厉，不断提高自己的教学水平和能力。

F. 推广经验和做法。

在专题研讨活动中，一些教师会取得一些优秀的经验和做法。学校会将这些经验和做法进行推广和应用，让更多的教师受益。同时，学校还会将这些经验和做法与校外的教育机构进行交流和分享，为教育事业的发展做出更大的贡献。

总之，学校通过开展专题研讨活动，促进了青年教师的成长和发展，提高了整个教师队伍的教学水平。学校也通过激励教师成长和推广经验做法，促进了学校整体的发展和进步。

(4) 微光工程——小学科教师培训。

随着教育改革的不断深入，学校教育已经从传统的知识传授转向培养学生的综合素质和能力。小学科教师作为学校教育中的重要组成部分，承担着培养学生全面发展的重任。然而，由于各种原因，小学科教师往往面临孤军奋战的困境，对于学科的教材、教法和评价等问题难以深入理解和研究，教学中遇到的问题也难以得到解决。同时，由于客观原因，小学科教师的专业培训比较少，这进一步限制了他们的专业成长和发展。针对这种情况，我们开展了专门针对小学科教师的微光工程。

微光工程是一个旨在促进小学科教师专业化成长和发展的培训项目，通过为小学科教师提供系统的培训和实践机会，帮助他们深入理解和研究学科的教材、教法和评价等问题，提高他们的教学水平和能力。

针对小学科人数相对较少的问题，我校开展了相对应的"微"活动，旨在为小学科的教师提供更多的参与教科研活动的机会，提升教育智慧，彰显教学特色。这些"微"系列活动包括"微课""微报告""微视频""微论坛"等，让小学科的教师能够以小而精的方式参与到教科研活动中，深入探讨教育教学的相关问题，分享自己的教学经验和成果。

在实践中，我们发现"微光工程"的这些"微"系列活动具有以下优点：①参与门槛低。由于小学科教师人数较少，很难组织大规模的教科研活动。而"微"系列活动的规模较小，参与门槛较低，可以吸引更多的教师参与其中，提高了小学科教师的参与度。②灵活性高。由于"微"系列活动的规模较小，教师可以根据自己的时间和兴趣灵活地参与活动。这使得小学科教师可以兼顾教学任务和其他工作，更好地参与到教科研活动中。③交流互动性强。通过"微课""微报告""微视频""微论坛"等形式，教师可以分享自己的教学经验和成果，与他人进行交流和互动。这有助于促进小学科教师之间的合作与交流，形成良好的学术氛围。④成果转化快。通过"微"系列活动，小学科教师可以及时地将研究成果应用于实际教学中。这有助于提高教学质量，促进小学科教师的发展和成长。

经过实践，学校的小学科教师也在自己的岗位上收获了发展。孔令灿老师多次在佛山市、南海区各级各类的科学技能比赛中获奖，黄冀晴老师参加南海区信息技术青年教师技能比赛获二等奖，杜婉媚、许智瑛老师在佛山市的美术技能比赛中大放异彩，喜获殊荣。这些成果充分证明了"微"系列活动对于提升小学科教师教科研能力和教学质量的积极作用。在未来的发展中，我们将采取以下措施继续推进小学科"微"系列活动的开展。

①制订计划：制订详细的"微"系列活动计划，包括活动主题、时间、地点、参与人员等。确保活动的组织和管理能够有序进行，满足小学科教师的需求。

②丰富活动形式：除了现有的"微课""微报告""微视频""微论坛"等形式，我们还将探索更多的活动形式，如微沙龙、微课堂等，以激发教师的参与热情和创造力。

③提升活动质量：我们将注重提升"微"系列活动的质量，确保活动的内容和形式能够有效地促进教师的专业发展和教学水平的提高。同时，我们还将加强对活动的评估和反馈，不断优化活动方案，以满足教师的实际需求。

④加强交流合作：我们将鼓励小学科教师积极参与跨学科的交流和合作，促进不同学科之间的知识共享和教学经验交流。通过组织跨学科的"微"系列活动，推动不同学科教师之间的合作与共同发展。

⑤推广成功经验：我们将对小学科教师的成功经验和特色成果进行宣传和推广，鼓励其他教师学习和借鉴。同时，我们还将邀请其他学校和机构的

专家和学者参与"微"系列活动，促进教育智慧的共享和传播。

通过持续推进小学科"微"系列活动的开展，我们相信可以进一步提高小学科教师的教学水平和专业素养。同时，这些活动也将为学校打造一个积极向上的学术氛围，促进学校整体教育质量的提升。让我们一起努力，共同推动小学科教育的繁荣与发展！

（5）曙光工程——教师第二专业培训。

我校积极挖掘教师的专业技能，通过开展曙光工程，为教师们提供了发展第二专业的机会。在这个工程中，学校注重培养教师的跨学科能力和综合素质，让教师们能够具备更多的技能和知识，更好地服务于教育教学工作。例如，吴建霞老师是一名语文老师，但她对衍纸艺术有着浓厚的兴趣和独特的天赋。为了发挥她的特长，学校特别开设了一个衍纸艺术特色课程，并让她担任该课程的主讲教师。在这个课程中，吴建霞老师将语文知识与衍纸艺术相结合，通过让学生动手制作衍纸作品，培养他们的动手能力、创造力和语言表达能力。这种教学方式不仅丰富了语文课堂的内容，也让学生更加喜欢学习语文。同时，在曙光工程中，我们也注重培养教师的综合素质和跨学科能力。我们要求教师不仅要掌握本专业的知识，还要对邻近学科有一定的了解和掌握。通过这种综合性的培养方式，教师们能够更好地将不同学科的知识相联系，形成一种触类旁通、融会贯通的教学能力。例如，在数学教学中，教师们可以结合物理、化学等学科的知识，让学生更好地理解数学知识的实际应用。在英语教学中，教师们可以结合历史、地理等学科的知识，让学生更好地了解英语国家的文化背景和语言特点。这种跨学科的教学方式不仅能够提高学生的学习兴趣和学习效果，还能够培养学生的综合素质和创新能力。

在曙光工程中，我校不仅注重教师的专业知识和教学技能的培养，还注重教师的个人发展和成长。不仅鼓励教师们积极参加各种培训、教学研讨和学习活动，不断提高自己的专业水平和教学能力；还鼓励教师们采用多种教学方法，如案例教学、项目式教学、探究式教学等，让学生更加主动地参与到学习中来。

经过实践，我校教师在第二专业方面得到了发展。莫剑东老师组建了学校的武术训练队，梁志健老师开设了魔术特色课程，陈剑岚老师开设了心灵曼陀罗特色课程，这些举措不仅丰富了桂外的特色课程，也展示了教师们多样化的专业能力和教学风格。

莫剑东老师的武术训练队在校园中引起了广泛的关注和兴趣。他以自己的专业知识和热情为基础，将武术训练融入日常教学和活动中。通过组织定期的训练和表演，莫剑东老师不仅培养了学生的身体素质和意志力，还激发了他们的学习兴趣和热情。在这个过程中，莫剑东老师不断挖掘和发挥自己的第二专业技能，不仅提高了自己的教学水平，也为学生提供了多样化的学习体验。

梁志健老师的魔术特色课程也是桂外教育创新的一个典范。他通过引入魔术元素，将抽象的知识点以生动有趣的方式呈现给学生。通过魔术表演和互动，梁志健老师让学生积极参与课堂，激发他们的好奇心和探究欲望。在这个过程中，梁志健老师通过自己的第二专业技能，为学生提供了富有创意和趣味的学习体验。

同样，陈剑岚老师的心灵曼陀罗特色课程也是桂外在教育模式上的一次积极尝试。她通过将心理学与艺术相结合，帮助学生了解自我、表达情感和培养创造力。通过绘制曼陀罗图案，陈剑岚老师引导学生进行自我探索和情感表达，帮助他们建立积极的心态和情感调节能力。

这些老师的第二专业发展不仅丰富了桂外的课程设置，也为我们提供了一种新的教育视角和教育模式。

通过引入多样化的教学元素和专业领域的知识，我校教师能够为学生提供更加丰富、有深度和具有挑战性的学习体验。这不仅有助于培养学生的综合素质和能力，也让他们在学习的过程中接触到更广阔的知识领域，激发他们的好奇心和求知欲。通过参加培训、研究和实践，教师可以在教育领域中不断拓展自己的专业领域，提高自己的教学水平和教育质量。

除此之外，学校也为教师的第二专业发展提供了支持和鼓励。例如，制定了相关政策和措施，鼓励教师开展多样化的教学活动和课程设计，并提供必要的资源和支持。同时，也通过与其他学校、机构和专业团队合作，为教师提供更广阔的发展平台和机会。

总之，曙光工程是一个积极挖掘教师专业技能、促进教师综合素质提升和跨学科能力培养的重要工程。通过这个工程的开展和实施，我们相信，可以培养出一批具有较高教学水平和综合素质的教师队伍，为学校的教育教学工作注入更多的活力和创新力。

2. 多样的专业培训教研活动

多样的专业培训教研活动对教师的教学技能有着积极的影响。通过参与这些活动，教师可以提升教学能力、丰富教学方法、增进交流与合作、更新教育观念、提高课程开发能力、增强课堂管理能力以及培养创新思维能力。这些能力的提升不仅有助于提高教师的教学效果和质量，也有助于推动教师的个人成长和发展。多样的专业培训教研活动为教师提供了丰富的资源和机会，以提升教学能力。通过参与这些活动，教师可以学习到最新的教学方法和技巧，了解学科发展的最新动态，从而不断提升自己的教学水平。这种持续的学习和成长有助于教师更好地应对教育教学的挑战。

学校采用了多种方式相结合的方式进行培训。其中包括专家讲座、教学观摩、互动研讨、小组合作学习等。我们注重理论与实践相结合，既重视理论知识的传授，又强调实践操作能力的培养。同时，我们还注重教师之间的交流与合作，鼓励教师分享自己的经验和心得体会，促进教师之间的共同成长。

培训的师资力量也非常强大。我校邀请了具有丰富教学经验和深厚理论素养的专家学者进行授课，如佛山市正高级教师、广东省新一轮"百千万"高中名教师、广东教育学会网络教育专业委员会秘书长、华南师范大学教育信息技术学院硕士研究生导师胡铁生教授、ICF国际教练联盟认证专业教练成芬老师等。同时，还聘请了一批优秀的一线教师作为培训师，如佛山市南海区教育局二级主任科员、区中小学班主任指导中心办公室主任张岚主任，南海实验中学名师谢彩云等，他们具有丰富的教学实践经验，能够为教师提供更贴切的指导和帮助。

3. 定期进行论文评比

撰写论文对于教师探索教育教学规律，交流工作经验，推动教育研究和教学改革，都有着十分重要的意义。撰写教学论文，是中小学教师提升自身业务水平的途径和方法。教师论文评比是指对教师所撰写的学术论文进行评估和比较的过程。这种评比通常由学术机构、学校或教育部门组织，旨在评估教师的学术研究水平和贡献。教师论文评比的目的是鼓励教师进行学术研究和知识创新，提高教师的教学能力和专业素养。评比的标准可以包括论文的学术质量、研究创新性、实证研究的有效性等。评比的结果可以作为教师职称评定、晋升以及学术奖励的依据。教师论文评比的实施有助于促进教师的学术研究活动，提高教师的学术影响力和学科建设水平。同时，这也为学术界提供了一个评估教师研究成果的参考依据，推动学术发展。学校每学年都会组织全体教师进行教学论文的撰写与评比，我校的论文提交率为100%，多次获得省、市、区、街道级论文评比奖项（见表4-1）。

表4-1 我校论文和教学设计获奖情况

作者	名称	奖项
黄韵堂、江敏	论文《小提琴教学在校本课程开发中的实践与思考》	广东省二等奖
邓善仪	论文《Acting and Learning——浅谈课本剧表演在小学英语教学中的作用与实施》	广东省二等奖
欧阳丹	论文《温故知新，学与乐为伴》	广东省三等奖
李伟芬	论文《巧用数学小研究，让数学综合实践活动更精彩》	广东省三等奖
梁结梅	论文《以"红领巾走世界"实践活动为例谈研学旅行课程的实践》	佛山市一等奖
李伟芬	论文《精析概念教学之误区，深研解决之对策》	佛山市一等奖

续上表

作者	名称	奖项
关健安	论文《把根扎得深一些，谈小学数学中种子课的教学策略与思考》	佛山市一等奖
夏晓琪	论文《单元整体教学思想在"除数是一位数的除法"单元教学中的应用》	佛山市一等奖
梁志咏	论文《小学数学合情推理能力的培养策略》	佛山市一等奖
朱晓媚	论文《思维模式导图在小学语文阅读教学中的应用研究》	佛山市一等奖
冯宇、李咏茵	论文《谈1+N式"五维"素养教育课程的开发与成效》	佛山市一等奖
刘敏怡	论文《浅谈轻粘土在低年段美术课堂中运用》	佛山市一等奖
梁结梅	教学设计《制作未来学校模型》	佛山市一等奖
黄桂彩	教学设计《确定起跑线》	佛山市一等奖
张子晴	教学设计《未来森林资源》	佛山市二等奖

4. 教师技能比赛

教师技能比赛是提升教师教学水平、增强团队协作、展示个人才华、促进教育创新的重要途径。通过教师技能比赛，可以优化教育资源、强化师资建设，并加强教师的职业认同。

教师技能比赛的核心目标是提升教师的教学水平。通过比赛，教师可以发现自身在教学中的不足，学习并掌握更先进的教学方法和技术，从而提升教学质量。同时，教师技能比赛还能促使教师深入研究学科知识，提高自身的教学素养。教师技能比赛有助于增强教师之间的团队协作精神。在准备比赛的过程中，教师们可以相互学习、交流经验，共同提升教学水平。这种团队协作的精神不仅能提高教师的教学效果，还能营造积极向上的教学氛围。教师技能比赛为教师提供了一个展示个人教学才华的平台。通过比赛，教师可以充分展示自己的教学理念、教学方法和教学成果,从而获得同行和专家的认可,这有助于增强教师的自信心和职业荣誉感。教师技能比赛能够激发教师的创新精神,推动教育教学的改革与发展。在比赛中,教师可以尝试新的教学理念和方法,探索适合学生的教育模式。这种创新精神不仅有助于提升教师的教学水平,还能为整个教育事业注入新的活力。

校内,我们每学期进行青年教师教学技能比赛,包括三笔字、课堂教学、说课、评课、微课等比赛,夯实教师技能;校外,鼓励青年教师积极参加上级教育行政部门组织的班主任能力大赛、青年教师技能比赛、优质课比赛、说课比赛、微课比赛等各级各类的比赛。

自2014年本项目研究开始,在特色项目的引领、推动下,学校办学水平、师生素质不断提升,各级各类获奖节节攀升(见表4-2),各种荣誉接踵而来。

表4-2　2016—2021学年学校获奖统计

单位:项

学年	起始时间	集体奖	教师奖	学生奖	总数
2016—2017	2016年9月—2017年7月	32	165	655	852
2017—2018	2017年9月—2018年7月	18	149	684	851
2018—2019	2018年9月—2019年7月	37	165	580	782
2019—2020	2019年9月—202年7月	4	176	362	542
2020—2021	2020年9月—2021年8月	13	208	374	595

经过几年的实践,我们非常欣慰地看到,一批青年教师在快速地成长。2017—2020年来我们有大量的青年教师在比赛中获奖,硕果累累。例如,关健安老师一毕业就到我校任职,经过几年时间的浸润,获得了广东省说课一等奖,佛山市青年教师"十大教学能手"和"'南商'基金教学能手"称号;赵岱老师自2017年毕业到我校入职,2020年获得佛山市青年教师"十大教学能手""南海区优秀班主任"称号和区小学综合实践活动青年教师教学能力大赛特等奖。

5. 多方联动，与高校、友校结对

在当今的教育环境中，学校与多方联动，与高校及友校结对已成为推动教育发展的重要途径。这种合作模式不仅能有效整合资源，促进知识交流，还能加强学校间的合作研究、师生交流和文化交流。学校与高校、友校结对，可以实现资源共享。通过资源共享，可以弥补学校自身资源的不足，提高教育教学的质量和效率。例如，学校可以共享高校的教学设施、图书馆资源、科研设备等，提高自身的科研能力和教学质量。同时，友校之间的资源共享也可以促进彼此间共同发展。学校与不同国家或地区的高校、友校结对，可以促进知识交流。通过知识交流，学校可以了解最新的教育理念、教学方法和学科知识，更新自身的教育观念和知识体系。同时，学校也可以将自己的特色和优势与他人分享，促进彼此的知识互补和共同进步。学校与不同国家或地区的高校、友校结对，可以加强师生交流。通过师生交流，教师可以了解不同学校的教学风格和教育理念，提高自身的教育水平和教学能力。同时，学生也可以通过交流拓宽视野，培养综合素质和跨学科能力。学校与不同国家或地区的高校、友校结对，可以促进文化交流。通过文化交

图 4-3 我校与新加坡星烁小学交流

流，学校可以了解不同文化背景下的教育特点和人才培养模式，丰富自身的文化底蕴和教育经验。同时，文化交流还可以培养学生的跨文化意识和国际视野，为未来的全球化发展做好准备。

我校从2016年开始与新加坡星烁小学、美国维乐士学校，我国香港深水埗街坊福利会小学、延安马家砭镇中心小学先后进行交流，通过结成姊妹学校进行同上一节课、特色班会活动、线上共跨年等多样的交流活动拉近两校情谊；与华南师范大学、北京师范大学等高校开展合作；桂城教育局与高校共同开发的中小学人工智能课程落户在学校，作为试点学校，为南海区全面普及人工智能课程提供参考。通过形式多样、交流广泛的教研活动，让学生浸润在丰富充实的知识海洋中拓宽视野，个人素养得到提升。

6. 学生获奖情况

教师是学生成长道路上不可或缺的重要角色。教师的职责远远超过单纯的课堂教学，还包括培养学生的综合能力，激发学生的潜能，以及引导学生在生活中正确应用所学知识。学生在学术或其他领域取得显著成就，也往往是教师辛勤工作和投入的结果。教学技能精的教师为学生提供了优质的教育，学生通过课程引领、文化融合、多元评价，夯实了学科基础，开阔了视野，实现了综合素质的发展。全校100%学生参加"美好"教育选修课程，100%学生参与级组、校级比赛，100%学生通过了分项考核评价（即艺术、体育、科技等学科考核），100%学生荣获"一生一荣誉"证书。学生获奖人次达814人次！70多人次学生在综合实践比赛中获奖，180多人次在科技艺术类比赛中获奖，成效显著。

第五章

示范——培养带班能力好的教师

第一节　提高教师带班能力的时代背景与重要意义

一、提高教师带班能力的时代背景

教师带班要具有人际交往与合作能力。新课程改革十分强调改善师生交往，倡导建立良好的师生关系。大量研究证明，师生关系的质量影响学生的学业成绩和行为，学生尤其喜欢热情友好、有亲和力、合作性强的教师。良好的师生关系应该具有以下特性：一是开放性或透明性，师生之间可以直言不讳，坦诚相见；二是关爱性，师生双方都感到被对方看重；三是依存性（而非依赖性），师生双方相互依靠；四是独立性，师生双方都允许对方发展自己的独特性、创造性及个性；五是互惠性，师生双方决不以牺牲对方的需要来满足自己的需要。在与学生的实际交往中，教师要学会放下架子，主动与学生交朋友，更多地了解和接受学生，更积极地关怀学生，恰当而开放地进行师生对话，在学生心目中树立亲切友善的良好形象；教师还可以通过专门训练，提高自己人际沟通的技能和技巧，改善自己人际交往行为和态度，创建使学生感到有人理解、有人关心的环境，从而促使学生配合教师参与新课程改革的各项活动。

对一所学校来说，要正常运转和健康发展，涉及教学、科研、德育、后勤等方方面面的工作。而各个方面的工作，全都要经由班主任这个强大的"信号塔"进行二次加工、转化，才能让一切计划成为实践，让一切理想变为现实。班主任是中小学教师队伍非常重要的组成部分，是实施素质教育的重要力量，是班集体建设的指导者、班级工作的组织者、中小学生健康成长的引领者，是中小学思想道德教育工作的骨干，是沟通学校教育与家长教育的桥梁。因此，提高教师带班能力要落实立德树人根本任务，不断增强中小学德育工作的时代性、科学性和实效性；要加强班主任队伍建设，重视班主任培养，优化队伍结构，有计划地培训学校德育干部及班主任老师；督促班主任学习党的教育方针、德育理论，提高工作专业化水平。学校要不断为班主任老师搭建成长交流学习的平台，进一步提升班主任队伍建设水平。

二、提高教师带班能力的重要意义

中小学班主任是中小学思想道德教育的骨干，是实施素质教育的重要力量。带班育人方略提炼是促进班主任专业化的途径，班主任肩负着在班级建设中培养学生良好品德、使其全面发展的使命。在立德树人背景下，班主任应始终贯彻"培养什么人、怎么培养人、为谁培养人"的德育思路，并掌握育人的价值引领，熟悉核心素养的要求，提高带班的专业水平，通过提升自身的专业能力，最终使学生受益。

提高教师带班能力对于学校来说，具有重要意义。班主任是学校教师队伍中的重要群体，班主任工作是学校教育中极其重要的育人工作。2009年8月，教育部印发的《中小学班主任工作规定》明确指出"班主任是中小学日常思想道德教育和学生管理工作的主要实施者，是中小学生健康成长的引领者，班主任要努力成为中小学生的人生导师"。由此可见，班主任岗位是具有较高素质和人格要求的重要专业性岗位，班主任必须具备胜任这一专业岗位的专业道德、专业知识、专业能力等。班主任队伍建设是学校教师队伍建设的核心发展力。构建班主任培养的有效体系，促进班主任队伍的专业化成长，对于整体提升学校班主任队伍专业素养具有重要意义。因此，我们将班主任培训纳入教师队伍培训规划中，逐步建立起岗前培训、业务培训、骨干培训一体化的班主任培养模式，初步形成分层次、分类别、多渠道、多形式、重实效的培训格局，让年轻的班主任走上专业成长的星光大道。

对于班主任来说，提高自身带班能力最重要的途径之一是班主任教研。班主任教研能够有效地促进学校教育教学的发展和提高。一是通过班主任教研，班主任们可以共同探讨教学中遇到的问题，分享教学经验和教学方法，相互学习和借鉴，从而提高教学质量和教学水平。二是能够促进班主任间的交流和合作。在班主任教研中，班主任们可以相互交流和分享自己的教学心得和体会，共同探讨教学中的难题和问题，相互帮助和支持，形成良好的班主任团队，共同努力，共同进步。三是班主任教研还可以促进学校教育教学的创新和改革。在班主任教研中，班主任们可以不断地尝试和探索新的教学方法和教学手段，不断地进行教学实验和教学改革，从而不断提高教学效果和教学质量，推动学校教育教学的创新和改革。

加强中小学班主任工作，尤其是提高班主任带班能力，对于贯彻党的教育方针，全面推进素质教育，把加强和改进未成年人思想道德建设的各项任务落在实处，具有十分重要的意义。

第二节 "带班能力"的内涵及构成

教师的带班能力是指教师在教学过程中，对学生进行引导、激励、管理、评估等多方面能力的综合体现。

"带班能力"主要是体现在班主任对班级的管理上，包括德育能力、教学能力、管理能力、沟通能力、观察能力五种主要的能力。既要有良好的道德修养、丰富的知识储备，又要有较强的教学能力；既要从大处着眼，有一定的管理思路、管理方法，又要细致入微，善于沟通、善于观察、善于解决疑难问题。提高带班能力有助于班主任更好地开展教育教学工作，促进学生的全面发展。

教育部印发的《中小学班主任工作规定》明确对班主任工作的新要求：

表 5-1 《中小学班主任工作规定》新要求

《中小学班主任工作规定》新要求	思想要求	要坚持育人为本，德育为先的目标导向
	具体做法	要注重公平，面向班集体每一个学生
		要关心学生的全面发展
		要建立平等互信的师生关系

续上表

《中小学班主任工作规定》新要求	具体做法	要遵循学生的年龄特点和身心发展规律
		要建立完善班级管理制度
		要积极进行班集体文化建设
		要指导和组织学生积极参加社会实践活动
		要充分发挥纽带作用
		要大胆创新工作方式

综上所述，中小学班主任工作是一项复杂、细致，需要付出爱心、耐心和责任心，对学生健康成长起着重要作用的工作，要求班主任教师具有良好的思想道德品质、较高的教育理论素养和专业知识水平，身心健康、富有人格魅力，善于做思想教育工作。要适应新时期教育工作中出现的变化，就要及时改进班主任工作，培养班主任的带班能力，让班主任在学校育人工作中发挥更大的作用。

第三节 提高教师带班能力的实践策略

一、提高教师带班能力的实践策略来源

本节参考了大量文献以及各类书籍，进行深入分析后发现蔡晓燕撰写的《班主任生涯规划与序列化培训：上海市松江区班主任队伍培养的实践探索》与我校的实践十分契合，因此将该论文的理论引申为我校提高教师带班能力的实践策略来源。

二、提高班主任带班能力的实践策略

1. 基于学校实际，科学构建班主任生涯成长序列

我校基于实情，根据班主任专业发展的阶段性特点及规律，梳理班主任需要具备的关键能力，构建班主任生涯成长序列，促进班主任不断加强专业认同，坚定专业信念，提升专业自觉与专业能力。

（1）建构班主任能力阶梯。有关班主任核心能力的研究不少，不同专家各有观点。《中小学班主任工作规定》中对班主任工作的职责与任务均有相关规定。依据文件要求，我们立足区域班主任专业成长需求现状，建立"班主任能力阶梯"（见表5-2），为后续的班主任培养明确方向。

表5-2 班主任能力阶梯

	能力阶梯	能力分解	
班主任核心能力	班集体建设能力	管理班级事务的能力	自主发展能力 主动获取信息的自学能力 教育教学的自我监控能力 主动探究能力
		建设班级文化的能力	
		组织班级活动的能力	
		培养班级干部的能力	
	学生发展指导能力	价值观教育的能力	
		个性化指导的能力	
		身心健康辅导的能力	
		科学评价学生的能力	
	沟通协调能力	师生平等沟通的能力	
		处理突发事件的能力	
		家校协调合作的能力	
	教育研究能力	研究实践问题的能力	
		研究教育难题的能力	

（2）建构班主任专业成长序列。教师专业发展是有阶段性的，相关学者把教师职业周期划分为不同时期。综合国内外教师专业发展周期论，我们将

班主任专业成长分为五个不同阶段——见习期班主任、合格期班主任、成熟期班主任、骨干期班主任、研究期班主任，并组织分层梯队式培训，满足不同阶段班主任的发展需求，实现班主任逐层发展（见表5-3）。

表5-3 班主任专业成长序列

工作年限	成长阶段	发展要求
第1年	见习期班主任	在带教老师的指导下，体验并了解班主任工作
第2~3年	合格期班主任	能够根据学情有针对性地开展有效的教育活动
第4~5年	成熟期班主任	能够培育优良班集体并发挥其育人作用
第6~10年	骨干期班主任	能够打造班集体特色并帮助其他班主任开展工作
第10年以后	研究期班主任	能够开展教育研究并有所创新，发挥示范引领作用

需要说明的是，班主任处于不同发展阶段，前一个阶段是后一个阶段的基础，后一个阶段是前一个阶段的提升。阶段之间的发展是不可逾越的，但每个阶段的发展并不一定存在时间的界限，每个阶段的发展时间主要取决于班主任自身的努力和自主发展的能力。

2. 基于成长序列，系统架构班主任队伍培养体系

借助培训促进班主任专业成长，是我校班主任队伍带班能力建设的重要途径。以科学发展观统揽全局，立足班主任生涯成长序列，研究不同班主任群体的特征和发展状况，系统架构班主任队伍培养体系，推动我校班主任队伍的专业化成长。

为满足不同成长阶段班主任的专业发展需求，班主任培训的模式应兼具整体性与个体性。结合我校实情发现，不同成长阶段的班主任，对于培训的内容、方式有着各自不同的倾向性。为此，我校遵循"主观诉求与客观需求相结合""大视野、多模式、小专题相融合""主体性、实践性、发展性相促进"等原则，建立班主任序列化培训模式（见表5-4），不断丰富培训内

容，创新培训形式，提升培训实效。

表5-4 班主任序列化培训模式

成长阶段类型	班主任培训模式		
见习期班主任	整体性培训	带教式培训	传授型培训	理论学习，提高岗位认同
合格期班主任			指导型培训	技能学习，提升管理能力
成熟期班主任		跟进式培训	案例式培训	科学诊断，解决实践问题
			参与式培训	抛出话题，主动征询意见
			互助式培训	围绕问题，同伴互助支招
骨干期班主任			专题式培训	聚焦主题，集体研讨策略
研究期班主任		自主式发展	课题研究	破解难题，开展实践研究

3. 立足发展需求，综合实施班主任序列化培训

根据班主任专业成长的规律和特点，我校以班主任生涯成长序列为基点，以班主任专业发展培养体系为依托，以提升班主任关键能力为取向，综合实施序列化分层培训，进一步推动班主任工作研究，推进我校班主任梯队建设。

（1）专业发展工程——专业培训。

①创设培训机制，铺设成长路径。

我校高度重视班主任队伍建设，坚持以培训为主线、以班主任专业能力大赛等为载体、以科学评价为激励机制，建立新班主任、骨干、名班主任培训体系等，铺设班主任专业成长的"星光大道"，形成了优秀班主任从培养、成"名家"到发挥作用的完整链条，有力促进班主任工作的专业化发展，在理论与实践中探索适应新形势下的班级管理途径。

②优化培训内容，提升成长效果。

我校着力给班主任营造浓厚的学习氛围，设立班主任领军人物，有机建立多个学习团队，订立团队目标，通过共同阅读、共同写作、共同研究、共同实践等系列活动，创新研讨模式，每周固定时间围绕一个问题，如新班主任接班、干部队伍建设，并采用特定发言方式进行研讨，把研讨结果通过教

育叙事、案例分析等方式展示出来。

③开发培训课程,创设成长平台。

为推动班主任队伍成长,学校组建班主任梯队,依托学校班主任论坛、沙龙、家校联席、名校班主任工作室、微信群、腾讯课堂等线上线下平台交流,实现网上即时研讨,师徒共读、师徒同写等,实现以点带面的成长。

(2)情感关爱工程——"班主任节"。

班主任的工作非常繁杂,如果没有明确的工作目标和深厚的教育情怀,日久难免会产生倦怠,职业幸福感的保持也需要氛围来激发和烘托。我校通过组织"班主任节",传递一份感恩、一份祝福和一份期待。班主任节由"展师采——班主任风采展""念师恩——学生送'温暖'""赞师美——独特的称号""颂师德——学生的感激之情""诉师情——互诉心声""铸师魂——班主任沙龙"六部分组成。

"星光工程"实施以来,班主任队伍整体素质得到了很大的提升,涌现出了一批优秀班主任,如李健忠老师、吴玉华老师荣获南海区优秀班主任。

第四节 教师带班能力提升的校本实践

班级是学校教育工作最基层的组织单位,一个班级要有灵魂,要有精神动力,需要持续的、行之有效的德育教育,德育的前瞻既要把握好规律,又要注重实效性。班主任是班级工作的直接管理者和第一责任人,对推动学校教育高质量发展、为国家培养高素质技能人才起着关键的核心作用。校本实践是指在学校内部进行的实践活动,班主任带班能力提升的校本实践旨在提升其带班能力和教育管理水平。我校一直以来注重加强班主任队伍教育管理,班主任队伍建设水平不断提升,学生管理工作取得不断发展。

要培养带班能力好的班主任,可以采取以下措施。

(1)提供专业培训:为班主任提供带班管理的专业培训课程,包括班级管理技巧、学生行为管理、团队合作等方面的知识和技能。这将帮助班主任提高他们的带班能力。

（2）分享经验和最佳实践：组织班主任之间的经验交流活动，让经验丰富的班主任分享他们在带班管理方面的最佳实践和成功经验。通过这种方式，班主任可以从彼此的经验中学习，提高自己的带班能力。

（3）提供反馈和指导：定期对班主任的带班表现进行评估，并提供具体的反馈和指导。这将帮助教师了解自己的优点和改进的方向，进一步提高他们的带班能力。

（4）建立支持系统：建立一个支持系统，包括校领导、教务处同事和其他教师的支持。班主任可以向这些人寻求帮助和建议，解决在带班管理中遇到的问题。

（5）激励和奖励：通过激励和奖励班主任的优秀表现，鼓励他们努力提高自己的带班能力。这可以包括提供晋升机会、奖学金、荣誉称号等。

通过以上措施的实施，学校可以培养出带班能力好的班主任，提高班级的管理水平，促进学生的学习与发展。

一、班主任的自我成长

班主任的工作是一门科学，也是一门艺术，需要有广博的知识和丰富的经验。班主任必须增强与时俱进的学习意识，坚持学中干、干中学，努力提升自己的学习能力。想要真正成为一名好的班主任，必须努力提高自己的政治素质、文化科学素质、业务能力和道德素质，做到以坚定的立场鼓舞人，以渊博的知识教育人，以良好的情感感化人，以高尚的道德激励人。我校班主任通过以下"三阶段"促进自我成长。

1. 自我学习

作为一名班主任，自我学习是提高能力的一种重要途径，主要包括学习以下内容。

（1）学习教育教学的理念。理念决定意识，意识决定行动。要想成功，必须要有新的理念，事实上，理念不仅仅是一种意识形态，更是一种能力。

（2）学习师德规范。爱与责任是教师的师魂。"爱"是教师的魅力之本，是打开学生心灵的钥匙，公正的爱能感化每一个学生。"责任"是"花朵"绽放的保障，是"亲其师，信其道"的教育结果。

（3）修炼班级管理能力。包括全面了解学生的能力，正确评价学生的能力，转化后进生的能力，选拔、培养班干部的能力，组织班级活动的能力，与家长打交道的能力，与领导打交道的能力等。

2. 模仿

如果说学习是班主任成长的起点，那么，"模仿"就是其成长的支点了。年轻的班主任应做一名模仿型的班主任，缩短走向成功的时间长度。

3. 创新

班主任经历自我学习和模仿后，创新则是其成功的着力点。班主任工作的创新艺术是班主任教育思想、教育能力、教育素养、教育风格和教育智慧等方面综合素质的体现，是班主任在教育、管理、活动和协调等实践过程中表现出来的精湛、娴熟、巧妙、显效并带有鲜明个性化特点的教育艺术，在面对学生时，班主任需要以与时俱进的眼光予以观照，以创新发展的教育予以引领。

二、专家引领

师道远而学无涯，善若水而识无边。为进一步加强新教师队伍建设，提升班主任班级管理能力和教师专业素养，推进学校整体办学水平迈向新台阶，学校每学期邀请专家、名师到校，开展讲座培训，以提升教师业务水平。这种培训方式不仅可以让教师们接触到最新的教育理念和教学方法，还可以通过与专家、名师的交流互动，解决教学中的实际问题。以下是学校邀请专家、名师到校进行讲座培训的具体做法和效果。

1. 邀请范围广泛，涵盖多个领域

学校每学期邀请的专家、名师来自不同的领域，涵盖了教育、教学、管理、科研等多个方面。心理健康是每个人自身心理的需要，也是教育发展的需要。为增强学校班主任心理调节能力，保持良好的情绪状态和工作热情，进一步提升教师职业幸福感，我校组织了心理健康培训活动（见图 5-1、图 5-2），邀请 ICF 国际教练联盟认证专业教练成芬老师进行讲座分享，从认知层面上帮助教师们觉察情绪的重要性及认识到情绪背后的需求。成芬老师亲切幽默的讲课风格，一下子让平时工作压力较大的教师们，尤其是班主任们立刻轻松下来，大家笑声不断……

图 5-1　心理健康培训活动

培训开始前，成芬老师让大家选择自己喜欢的照片，并和小组成员分享，既活跃了会场气氛又点明了班主任心理健康工作主题。接着结合教师们在工作与生活中常遇到的问题，通过案例、互动交流等多种方式，对教师面对的各种压力进行分析，让教师们察觉自己的情绪，寻找宣泄的出口，及时调整心态，做一个阳光的人，做一个平和的教师。

图 5-2　心理健康培训活动

活动结束后，参加培训的教师分享了自己的心得：第一，要对工作分类，不要因为琐碎的事情而影响了带班育人的主线。第二，要做到宽严相济。在班级管理中，不要做妈妈式心灵安抚的角色，从而形成溺爱趋势，要让学生又尊敬又爱。第三，班主任在成长中要与时俱进，深入学生中，了解学生的动态，拉近与学生的距离。第四，做好家长沟通。只有当你成为家长的朋友时，良好的沟通才真正开始，多报喜少报忧。第五，班级管理时，尽量多微笑，及时调整自己的心态，开心最重要。

通过心理健康培训活动，班主任们分享了从认知层面上觉察情绪的重要性及认识到情绪背后的需求。作为班主任，要注重劳逸结合，找到合适的放松方式，学会照顾好自己的身心健康。可以参考以下方式。

（1）加强班级管理：班主任需要制定科学合理的班级管理制度，建立班级档案，制定班级规章制度，切实加强班级管理。

（2）关注学生心理健康：班主任需要关注学生的心理健康，了解学生的心理变化和问题，及时发现和解决问题，建立良好的师生关系。

（3）激发学生学习兴趣：班主任需要设计有趣的教学活动和课程内容，激发学生的学习兴趣和积极性，提高学生的学习效果。

（4）积极与家长沟通：班主任需要积极与家长沟通，了解学生家庭情况和家长对学生的期望，及时反馈学生学习情况和问题。

2. 结合实际需求，制定培训主题

学校在邀请班主任专家、名师到校进行讲座培训时，会结合实际需求和班主任的需要，制定相应的培训主题。例如，针对班主任在带班中遇到的问题，邀请了禹飚主任做了"如何提高带班效率"的师德讲座，让班主任们了解了提高带班效率的方法和技巧，解决了班主任在实际带班中遇到的问题。

3. 采用多种形式，增强培训效果

为了让班主任更好地参与到讲座培训中来，培训采用了多种形式，包括现场互动、小组讨论、案例分析等。例如，在梁惠燕老师的论文写作讲座中，班主任们可以现场提问、互动，通过实际案例的分析和讨论，更好地掌握论文写作的方法和技巧。班主任教研的最大亮点在于其能够有效地促进学校教育教学的发展和提高，促进班主任间的交流和合作，促进学校教育教学的创新和改革。班主任教研是提高带班能力的重要一环，对于提高学校教育质量具有重要意义。

4. 全面提升班主任的业务水平

我校教导处和德育处每学期都要通过举办专题讲座、开展经验交流、召开现场会等方式对班主任进行培训，给班主任提供学习、交流平台。在培训中贯穿班主任工作四字方针，即"爱、勤、细、实"。"爱"就是班主任用爱心去教育、帮助学生，这是做好班主任工作的前提；"勤"就是工作勤勤恳恳，任劳任怨；"细"就是班主任工作要做细、想细，不能有半点马虎和潦草；"实"就是工作上踏实，不搞花架子，实实在在去做好本职工作。树立四种意识：对班级管理有"越位意识"，对自己工作有"到位意识"，对其他责任人工作有"补位意识""合作意识"。全面提升班主任的业务水平和思想道德水平。

三、开展班主任教学沙龙

开展班主任教学沙龙是一个有效的提升教师带班能力的校本实践方式，可以促进班主任的教学能力提升和教育教学经验的交流。

开展班主任沙龙的具体步骤如下。

（1）确定主题和议程。选择具有实际意义和教育价值的主题，如教学方法、学生问题解决、家校合作等。制定详细的议程，包括主题演讲、讨论环节和经验分享等。

（2）邀请专家和优秀教师。邀请学校内外的教育专家或优秀教师来进行主题演讲，分享最新的教育教学理念和实践经验，为班主任提供指导和启发。

（3）设计互动环节。安排小组讨论、案例分析、教学观摩等互动环节，让班主任们可以互相交流和分享自己的教学实践经验，共同探讨解决问题的方法。

（4）提供资源支持。为班主任提供必要的教育教学资源，如教材、教学工具、教学技术支持等，帮助他们更好地开展教学工作。

（5）关注评估和反馈。建立评估机制，收集参与班主任教学沙龙的反馈意见和建议，及时调整和改进沙龙的组织方式和内容，确保该教育教学交流平台持续有效。

（6）持续跟进和支持。组织班主任教学沙龙只是一个起点，为了持续提升班主任的教学能力，学校需要提供持续的培训和支持机会，包括教学观摩、研讨会、课题研究等。

通过开展班主任教学沙龙，班主任们可以相互学习、交流教学经验，共同成长，提升教育教学水平，为学生提供更好的教育服务。

为了促进班主任们形成自己的特色，学校为班主任创设学习展示的平台，让他们参与各种专业性研讨、德育竞赛等，开阔视野，锤炼内功；积极鼓励并帮助班主任进行特色总结，适时进行特色研讨。为了提高青年班主任的教育教学管理水平，学校邀请有经验的班主任教师就青年班主任教师在带班中的策略进行专题研讨并相互借鉴。这种以研促教的方式，不仅有助于解决班级管理中的实际问题，还可以促进教师之间的交流和合作，提高整个教师队伍的教学水平，实现优质带班策略资源的共建共享。同时，我校还实施班主任"师徒制"给予青年班主任以针对性的指导。此外，学校在每学年都开展主题班会观摩活动或班主任基本功展示，促进了青年班主任育人能力不断提升。

四、建立带班能力导师制度

独行者步疾，结伴者行远。为了进一步强化班级管理，提高班主任的管理水平和班主任队伍的整体素质，持续推进班主任的专业能力，促进新老班主任的经验交流，解决班主任工作中遇到的困惑，我们建立了带班能力导师制度。带班能力导师制度是一种帮助带班教师提升带班能力的辅导和支持机制。该制度通过将有丰富带班经验和教育管理能力的教师指定为导师，与新手或需要提升的教师进行一对一或小组指导，帮助他们成长和发展。以下是带班能力导师制度的一些特点和优势。

（1）导师的角色：导师是经验丰富的带班教师，他们具有成功的带班经验和教育管理能力。他们的角色是指导和支持新手教师，帮助他们解决遇到的问题，提供实用的建议和经验分享。

（2）个性化指导：导师根据新手教师的需求和情况，提供个性化的指导和辅导。通过定期交流、观摩课堂和教学评估等方式，帮助新手教师发现问题并寻找解决方法。

（3）经验分享和反思：导师与新手教师分享自己的教学经验和教育管理经验，帮助他们理解带班工作的要点和关键，同时鼓励他们进行反思和总结，不断改进自己的教学方法和管理策略。

（4）提供资源和支持：导师为新手教师提供必要的教育教学资源，如教材、教学工具、教学技术支持等，帮助他们更好地开展教学工作。同时，导师还可以帮助新手教师解决困难和挑战，提供必要的支持和帮助。

（5）持续评估和调整：导师对新手教师进行持续的评估，了解他们的进展和需要，及时调整指导计划和方法，确保导师制度的有效性和适应性。

带班能力导师制度可以帮助新手教师更快地适应带班工作，提升教学和管理能力。同时，导师也可以通过指导他人来加深自己对教育教学的理解和提高自己的带班能力。这种合作与学习的方式能够促进教师之间的交流和合作，共同提高教育质量和教学效果。

常言道，打铁还需自身硬。要增强班主任的领导力，还需要班主任与时俱进，加强学习，不断提升自身素质，立于教育教学最前沿；善于与上级沟通，参与学校管理，并争取级部、处室、校领导的支持与帮助，为班级管理工作营造更加良好的外部环境。总之，班级管理工作是一门学问和艺术，让我们共同探索提升班主任领导力的有效途径，在科学、高效的班级管理工作中，享受职业的幸福与满足！

第六章

引领——培养科研能力强的教师

教师的科研能力是指教师在进行教育教学工作的同时，从事与教育教学相关课题的总结、实验及创造发明的能力。它不仅是高校教师必备的能力，同时也是中小学教师应具备的能力，最基本的要求是教师应具有对他人成果进行分析、鉴别并提出个人见解的能力。具备科研能力是教师专业成长发展的高阶阶段，是名师教育家型教师的必经之路，引领着教育教学的发展。

第一节　教师科研能力的基本内涵

一、科研素质与科研能力

教师的科研素质是教师在教育科研实践活动中形成的比较稳定的且长时间内起作用的品质，主要包括教师的教育科研意识、教育科研经验、教育科研知识、教育科研技能、教育科研理论素养、教育科研信息处理能力和教育科研创造才能等。

教师的科研能力是教师在教育科研实践活动中形成的直接影响教育科研效率，使教育科研任务顺利完成所必须具备的主观条件，主要包括科研课题的选择能力，课题实验方案的制作能力，课题实验的操作能力，实验资料的收集、整理和分析研究能力，课堂教学的科学研究能力，科研论文、研究报告的撰写能力等。

二者的本质特征及相互关系：从人的本质角度看，教师的科研素质是教师科研活动的产物。教师的科研能力是教师内在的本身力量的表现，是教师科研素质表现的"现象"。教师的科研素质和科研能力之间具有内隐外显的特点，培养教师的科研素质就是在提高教师的科研能力。教师只有具备了较高的教育科研素质，才会表现出较强的教育科研能力。

科研能力强的教师具有较强的教育科研能力和教育科研意识，能将教育科研理论与实践紧密结合，能将教育科研成果运用于教学实践中，在实践中能及时总结反思并形成自己的教育教学理论体系和方法体系，同时能将自己所形成的教育教学理论和方法体系运用于实践教学中。

教师的成长是一个漫长而又艰辛的过程，在这个过程中，需要有良好的专业引领，没有专业引领，教师就不会成长，就不能成为研究型的教师。教师要成为教书育人的专家，成为讲演教学研究的复合型人才，实现从"教书匠"向学者型的转化，科研能力是应具备的最重要素质之一。

二、教师科研能力的构成、特点与分类

教育工作和教育教学改革本身就是一个不断探索的过程，教师只有具备一定的科研能力，才能把教育实践、教学改革与课题研究紧密地结合起来，才能促进教学质量和自身教育水平的不断提高。相比较其他行业的科研能力，教师科研能力具有本身特有的内涵和特点。

1. 教师科研能力的构成

教师科研能力是教师在开展科学研究和学术活动中所必备的能力和素质。教师科研能力的构成包括以下几个方面。

（1）学科知识和专业素养。

教师应具备扎实的学科知识和专业素养，包括对所教学科的深入理解和掌握，对相关领域的前沿知识和研究动态的了解，以及对学科发展趋势和未来挑战的把握。

（2）科研方法和技能。

教师需要具备科学研究的方法和技能，包括科学调研、实验设计、数据采集和分析、文献查阅和综述撰写等。教师需要熟悉并灵活应用科研方法，以有效地开展科学研究。

（3）科研意识和创新思维。

教师应具备科研意识和创新思维，能够发现问题、提出问题，并通过科学方法和创新思维解决问题。教师需要培养观察力、思辨力和批判性思维，以推动科学研究的进展。

（4）学术交流和合作能力。

教师应具备良好的学术交流和合作能力，包括与同行教师和学者进行学术交流和合作，分享研究成果，参与学术会议和研讨会等。教师通过与他人合作，进行积极的学术交流，可以提升自身科研能力。

（5）学术诚信和伦理意识。

教师应具备学术诚信和伦理意识，遵守科学研究的伦理规范和学术道德，保护研究对象的权益，确保研究过程的公正和透明。

教师科研能力的构成是一个综合性的体系，需要教师在实践中不断培养和提升。学校和相关机构可以通过提供培训和支持，激发教师的科研潜能，促进教师科研能力的全面发展。

2. 教师科研能力的特点

提升教师科研能力对于提高教育教学质量、推动学科发展和培养学生科学素养具有重要意义。教师的科研能力主要包含以下几个特点。

（1）教师科研能力强调学科专业性。

即教师在特定学科领域具备深厚的知识储备和专业素养。教师应该对所教学科有深入的理解和掌握，并能够在该领域中进行独立的科学研究。

（2）教师科研能力要求具备创新性。

即能够发现问题、提出问题，并通过科学方法和创新思维解决问题。教师应具备观察力、思辨力和批判性思维，能够在教育实践中寻找创新点和改进方案。

（3）科研方法的灵活性也是教师科研能力的重要特点。

教师应该熟练运用科学研究的技能，并能够选择适合的研究方法，包括科学调研、实验设计、数据采集和分析、文献查阅和综述撰写进行教育研究。

（4）教师科研能力要求具备良好的学术交流和合作能力。

教师应能够与同行教师和学者进行学术交流和合作，分享研究成果，参与学术会议和研讨会等。科研型教师必须具备沟通、合作和团队合作的能力。

(5) 教师科研能力要求具备伦理意识和学术诚信。

信息爆炸时代，学术不端行为频频出现，科研型教师应遵守科学研究的伦理规范和学术道德，保护研究对象的权益，确保研究过程的公正和透明。

教师科研能力的特点体现了教师在科学研究和学术活动中的专业性、创新性、灵活性、合作性和伦理意识，这些特点对于提升教师的教育教学水平和学校的科研实力至关重要。学校通过培养和发展教师科研能力，可以促进教师个人的学术成长，提升学校的科研水平和学术声誉。

3. 教师科研能力的分类

教师的科研能力因其丰富的内容和复杂的特点，可以按照不同的维度进行分类。常见的分类方式如下。

(1) 学科研究能力与教育研究能力：学科研究能力指教师在所属学科领域内开展科学研究的能力，包括对学科知识的深入理解和掌握、科研方法的应用等。教育研究能力则指教师在教育领域中开展研究的能力，包括教育理论的研究、教育政策的研究、教育实践的研究等。

(2) 基础研究能力与应用研究能力：基础研究能力指教师在理论探索和学科知识拓展方面的能力，注重学科理论的发展和创新。应用研究能力则指教师在解决实际问题和应用学科知识方面的能力，强调将学科知识应用于教育实践和解决实际问题。

(3) 个人研究能力与团队合作能力：个人研究能力指教师个体开展科研工作的能力，包括科研课题的选择、研究设计、实验操作、数据分析和论文撰写等。团队合作能力则指教师在团队中进行科研合作和协作的能力，包括团队协调、合作交流、共同研究等。

(4) 初级科研能力与高级科研能力：初级科研能力指教师在科研工作中的起步阶段，注重对科研方法和基本技能的掌握，以及对学科领域的初步了解。高级科研能力则指教师在科研工作中达到较高水平，具备较深的学科理解和研究能力，能够独立承担重大科研项目和发表高水平论文。

这些分类方式并不是互相排斥的，教师科研能力往往是多个方面综合发展的结果。不同学校和教育机构可能会根据具体需要和目标，结合教师的实际情况，进行更具体的分类和评估。

了解教师科研能力的构成、特点和分类可以帮助教师和学校认清自身的科研水平和发展方向，指导教师的学术成长和教育教学的改进，促进学校的科研实力和学术声誉的提升，推动教育改革和创新发展。

第二节 提升教师科研能力的意义

教师的教学和科研能力直接影响教育质量。科研能力提升可以使教师在学术界和教育界具有更大的影响力，同时教师的教育教学和科研工作是推动教育改革和创新的重要力量。提升教师的科研能力，既能满足个人的成长和价值实现的需求，又能推动教育进步和社会发展，对于社会和个人都具有重要的意义。

一、提升教师科研能力是时代发展的需要

当今世界，科学技术迅猛发展，知识更新日新月异。社会的发展对创新型人才的要求越来越高。为适应时代的发展，我国提出了"教育创新"的理念。如何进行"教育创新"，教育科研就是不可或缺的手段。只有搞教育科研，才能进行"教育创新"，才能全面地推进素质教育，推动教育的发展。而搞好教育科研的前提是提高教师科研能力。随着时代的发展和社会的变化，提升教师科研能力已经成为迫切的需要。

1. 提升教师科研能力是知识经济时代的要求

随着知识经济时代的到来，知识已经成为经济的直接生产力，提升教师科研能力可以帮助教师跟上知识经济时代的发展潮流，提供更高质量的教育。提升教师科研能力是适应知识经济时代的必然要求。

2. 提高教师科研能力是落实新课改的必要途径

为贯彻落实党的十八大、十九大精神，进一步深化课程改革，教育部印

发了《义务教育课程方案和课程标准（2022年版）》，明确规定各地要统筹谋划、系统推进课程方案和课程标准落地实施，有计划、有步骤地组织开展培训，以多种形式强化课程改革理念和改革总体要求，要大力推进教学改革，转变育人方式，切实提高育人质量，加大条件保障力度，保证课程有效实施。

新课改的核心理念是"提高学生的核心素养""为了每个学生的发展"。随着新课改的进行，课堂知识结构、学生学习方式、课堂控制方式及课堂常规经验等都要发生相应的变化，这就要求教师不断提高自身素质，更新观念，转变传统的教师角色。

教师要把科研意识引进课堂，也就是把研究性学习方式引进课堂教学。学生在教师指导下自主发现问题、探究问题、解决问题。教师把学习的主动权还给学生，让学生真正成为学习的主人，激发学生的学习动机，使其主动求知，学会学习。

教材中的某些人类已知的基本原理、概念和规律等知识，对学生来说仍是"未知"的，可以把这类课题设计成让学生再创造和再发现的过程，让学生自己"提出假设—设计实验—验证假设—得出结论"。这些教学活动的开展需要教师具有较高的科研素质和科研能力，才能更好完成新课改所赋予的任务。

教师科研能力的提升可以促进教育改革和创新的发展。教师通过科学研究和创新实践，能够提出教育问题的解决方案，并在实践中验证和改进，推动教育改革和创新的落地和实施。

3. 教师科研能力的提升可以有效地提高教学质量，提升学生的综合素养

具有较高科研能力的教师能够在教学中运用科学研究的方法和技巧，提供更有针对性和有效性的教学策略，促进学生的深层次学习和发展。教师科研能力的提升有助于学科的发展和学术交流的深入。教师通过科学研究，能够为学科的理论和实践做出贡献，推动学科的进步和发展。同时，教师还可以通过学术交流和合作，与其他教师和学者共同交流学术思想和研究成果，

促进学科的交叉融合和创新。

综上所述，提升教师科研能力是适应时代发展的需要，有助于适应知识经济时代、推动教育改革和创新、提高教学质量和学生综合素养，以及促进学科发展和学术交流。这对于教师个人的职业发展、学校的发展和社会的进步都具有重要意义。

二、提升教师科研能力是学校中心工作的需要

一所学校，教学是中心，但科研是关键。在科研中提高教师的创新能力，提高教师教学水平是一条不可替代的途径，没有高素质的创新型的师资队伍，就没有创新人才的培养。为此学校需要广大教师围绕学校中心工作和科研课题开展学术研究、论文撰写、案例实录、调查报告等教育科研活动，这样才能提高教育教学质量，把学校的中心搞好，而要搞好教育科研就必须提升广大教师的科研能力。

（1）教师科研能力的提升可以促进学校教育质量的提高。具备较高的科研能力使教师能够深入学科领域，了解最新的学科发展和研究成果，将科学研究成果应用到教育教学中，提供更有针对性和有效性的教学策略，提升学校的教育质量。

（2）教师科研能力的提升可以推动学校的创新发展。教师通过科学研究和创新实践，能够提出教育问题的解决方案，并在实践中验证和改进，推动教育改革和创新的落地和实施。科研能力的提升可以激发教师的创新思维和能力，促进学校的创新发展。

（3）教师科研能力的提升有助于增强学校的学术声誉和竞争力。学校拥有具有较高科研能力的教师团队，能够吸引高水平的科研人才，提升学校的科研实力和学术声誉。同时，科研成果的产出和学术交流也可以提升学校的学术影响力和竞争力。

（4）教师科研能力的提升可以培养学生的科研意识和创新能力。教师通过科学研究的实践，为学生搭建科研平台和创新环境，引导学生主动参与科学研究和创新实践，培养学生的科研思维和创新能力，为学生的未来发展奠

定基础。

提升教师科研能力是学校中心工作的需要，对于促进学校教育质量的提升、推动学校的创新发展、增强学校的学术声誉和竞争力，以及培养学生的科研意识和创新能力都具有重要作用。学校应该注重教师科研能力的培养和发展，为教师提供相应的支持和资源，激励教师积极参与科研工作。

三、提升教师科研能力是教师自身发展提高的需要

苏霍姆林斯基曾说："如果你想让教师的劳动能够给教师带来乐趣，使天天上课不至于变成一种单调乏味的义务，那你就应当引导每一位教师走上从事研究这条幸福的道路上来。"科研型教师是相对于经验型教师（即"教书匠"）而言的，指的是在教育领域中，能积极主动地反思自己的教育教学行为，具有职业敏感性、反思意识、合作精神和科研意识，及时发现教育教学工作中的问题，针对问题积极探索研究，主动吸收教育科学理论和同行经验，提出新的切实可行的改进方法，不断地改进自己的教育教学工作的教师。科研型教师是不会有倦怠的，他们通过研究自己的教育教学实践活动来明确和实现教育的意义，从教育事业中获得了巨大的心理满足和成就需要，由衷地体验到一种满足感与成就感。

1. 开展教育科研有助于教师的自身成长

教育科研能力的提高有赖于教育科研活动的开展。一个普通教师成为骨干教师的基本过程为：积累期—成熟期—创造期。教育科研是教师自我提高的重要途径，每一次的教育科研活动，不但改变了教师的思想观点，而且提高了教师的教学方法，也提升了教师的成就感。

科研能使教师发现一个新的更丰富的自我，从而也能发现一个新的更广阔的教学天地。"我"更新了，便有了新的眼力、新的观察力、新的承受力、新的胸怀。由于自新，便会感觉他人新、世界新、工作新、江河山川新，人工作起来才有乐趣，有意义，工作热情才会高，才会有创造性。科学研究是一个十分特殊而又广阔的天地，不论哪个行业，不论多么平凡的岗位，一旦从科研的角度去观察和分析，就会发现那里有神奇而又诱人的学问、能力及

方法。君子兰栽培、金鱼养殖、微型雕刻等技术若钻研进去，都能发现一个广阔的科学天地。我们教书育人这样的大事，科研的天地就更广阔了。

2. 开展教育科研能提高教学效率

提高教学效率靠什么？有的人说，靠日光加灯光，时间加汗水。这话符合形式逻辑，但不完全符合辩证逻辑。同一位教师，几年如一日地使用千篇一律的教法，不肯变化，那么时间长、汗水多的教学效果一般会好一些。但事实上教育不是"自古华山一条路"，而是"条条大路通罗马"。每件事都可能有一百种做法，而我们目前正用着的，并不一定是最省力的或效率最高的方法。比如培养学生的注意力，方法不止一百种，我们目前掌握的十几种绝不是最好的，最好的还有待通过教育科研去发展和掌握。从大的方面讲，提高教学效率还靠科研。

3. 开展教师科研可以帮助教师收获科研成果

教师进行科学研究，最终成果常常以文字材料（如日记、经验总结、论文）和公开课形式显示出来。经验、论文、公开课公布出去，参与交流，受到了别人的肯定；参加评比，得到了校、市、省的奖励证书，这显然是一件值得高兴的事情。这是看得见的成果，另外还有在研究过程中个人意志的增强、胸怀的拓展、学识的增长等许多潜移默化的成果。很显然，教师进行教育科研，于己，于人，于家，于国，于民，于党，都有益处。

传统教育观认为教师的职责就是"传道、授业、解惑"，但由于教师的工作具有复杂多样且富有变化的特点，教师在实际工作中会遇到一些依靠现有理论和教师自身经验解决不了的问题，所以教师不断提高教育科研能力，成为科研型的教师，是每一位教师必走之路。

第三节 提高教师科研能力的实践探索

实践学习是提高教师专业素养的重要途径，是一所学校迸发生机的必走之路。我校在多年的探索实践中，总结了一套切实可行的科研创新教研计划，鼓励引导教师从实际出发探索和总结符合学科特点和学生需求的教学方法和策略，同时也组织教师参加各种形式的实践教学活动如优质课题评比、优质案例分享等，帮助引导教师总结经验并提高实践、科研创新能力。

一、我校提升教师科研能力的探索实践

在科研方面，我校鼓励教师将教学问题转化为课题，让课题研究成果服务于教学质量提升。同时采取"三个三"工程，不但提升了整体的科研水平，而且促使教师队伍追求高质量发展。

1. "三推动"工程

作为一线的教师，工作繁忙琐碎，"三推动"策略从管理上为教师投身科研创造了条件，领导带头科研，创造了良好的科研氛围，名师的引领，减少了教师们科研路上的阻碍，提高了我校教师参加教育科研的积极性。

（1）加强管理推动。

我校制定了明确的科研发展规划，成立了教科研领导小组，张洪伟校长担任组长，教育发展中心黄晓华主任担任副组长，保障教科研工作的正常开展。学校提供科研经费、实验设备、图书资料、科研平台等充足的科研资源和支持，为教师开展科研工作提供必要的条件和保障。

学校建立了科研团队合作机制，确定了一批科研骨干教师、设立了科研项目和基金、建立了科研团队，名师工作室成员、骨干教师带动普通教师，老教师带动青年教师，人人参与课题，激发了教师的科研热情，推动了教师科研能力建设，进一步提升了学校的科研水平和学术声誉。

同时，我校建立了科研能力评价和考核机制，将教师的科研能力作为评价和考核的重要指标之一，将科研成果和贡献纳入教师绩效评价体系，鼓励教师积极参与科研工作。

通过以上管理措施，我校有效地推动了教师科研能力建设，提升教师的科研水平和能力，进一步提升学校的科研实力和学术声誉。

(2) 校长率先推动。

校长作为学校的领导者，通过亲自参与科研课题的研究和实践，树立了科研的榜样和导向，增强教师的信心和动力。校长的积极参与和表现，激发了教师对科研的兴趣和热情，鼓励他们积极投入科研工作，提升科研能力。

我校的张洪伟校长、孙明洁副校长成立了工作室，教师们积极加入，营造了积极的科研氛围和文化。校长率先垂范，带头做课题（见图6-1），对于推动教师科研能力的提升具有重要的示范作用。通过树立榜样和导向，增强教师的信心和动力，营造科研氛围和文化以及提升学校的科研声誉和竞争力，校长的积极参与有效地推动教师科研能力的提升，促进了学校的发展和进步。目前，我校已基本达到"人人参与科研，人人都有课题"，教师参与课题研究的人数达到总人数的95%。

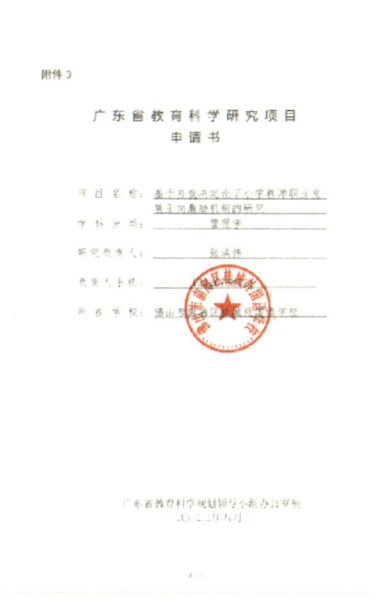

图6-1 课题研究相关材料

(3) 名师引领推动。

我校组织教师向名师取经，让教师们更加明确课题研究要做什么、怎么做等。鼓励教师参加各级科研课题，学习先进教育理论，掌握一定的科研原则、方法，学会收集、整理各类教科研资料，学会选择选题，学会撰写方案和科研论文，在参与课题研究的过程中，努力提高自身素质。在名师的引领下，教师通过课题研究迅速成长起来，主持的课题荣获不同级别的奖项，这也鼓舞了其他教师，使更多的教师对课题研究有兴趣、有信心。

我校建立了科研导师制度，张洪伟校长、孙明洁副校长、彭神保主任等市级、区级、街道级名师成立了科研导师团队，指导和帮助新进教师进行科研工作，引领青年教师积极参与课题，壮大了学校的教学科研队伍，有力地推动了教师科研能力的提升。

2. "三护航"工程

在参与教科研的过程中，不少教师会遇到一些困难，我校以人为本，实施了全心全意"三护航"工程，倾心为教师们解决了科研工作中的困难与阻碍。

(1) 专题讲座护航。

针对教师在课题研究中的常见问题，我们不仅订购了教育科研专著《中小学教育科研十讲》《教师教育与教师发展》等，还积极邀请了省、市级教育专家来我校为青年教师们做课题研究专题讲座，为青年教师"开山铺路"，答疑解惑。

我校张洪伟校长多次主持校级论文写作指导课、课题研究探讨课，帮助教师们答疑解惑。我校教师每个星期都会参与线上、线下专题讲座（见图6-2），通过聆听专家们的讲座，教师们教育学术知识得到了更新，教师之间的学术交流和合作也更加频繁，科研兴趣和动力也更加强烈。

专题讲座保驾护航，加强对教师的思想引导。通过组织学习、宣传新的教育理念和教学方法，为教师提供科研方法和技能培训，转变教师的教学观念，提升教师的科研能力，促进教师的职业发展和晋升，同时推动学校的科研创新和发展。

第六章 引领——培养科研能力强的教师

图6-2 专题讲座

（2）开放研讨护航。

每学期，学校组织学术报告和分享会，邀请专家学者或有科研经验的教师成立学术研讨会和研究小组，分享他们的研究成果和经验。通过课例展示、作品展览、专家点评，深化学科知识和理论、探索教学问题和改进教学策略，让教师有机会与他人进行深入的学术交流和讨论，促进不同学科领域之间的跨界交流和合作，促进教师之间的学术交流和合作，培养教师的科研思维和能力。

每学年，学校都会定期进行课题研究成果展，并邀请区级以上专家点评、指导。通过和专家面对面交流，教师可以从中学习到前沿的研究动态和科研方法，拓宽科研视野，激发科研思维，并且及时发现问题，马上做出改进。课题研讨将为教师的教学工作提供有力的支持和指导，提升教师的教育教学水平和科研能力。

通过开放研讨的方式，我校为教师的科研能力提升提供一个开放和合作的平台。教师通过参与学术报告、分享会、研讨会和合作研究项目等活动，与专家学者和同行进行深入的学术交流和合作，拓宽科研视野，提高科研水平和能力，有力地推动了教师科研能力的提升，促进学校的科研发展和进步。

（3）指导小组护航。

学科组以课题为抓手，建立了一个跨区域可视化教学研究与资源共享平台，成立了名师指导小组。以桂城外国语学校与香港深水埗街坊福利会小学跨区域可视化语文科组教研共同体为例：共同体由双方学校10多名市级语文学科中心兼职教研员、学科带头人、区名师和骨干教师等共同组成，教师构成覆盖各专业层次、梯队合理、辐射能力强。双方依托课题研究，在不同区域、不同年级、班级内部开展可视化教学设计研讨研究，利用开展可视化教学与传统教学的对比研究方式，观察不同教学组织形式带来的不同教学效果。

名师指导小组为教师提供专业的指导，帮助教师们规划、设计和实施课题研究，为教师们提供专业指导。第一，指导小组提供教育研究所需的各种资源，包括文献、数据、工具等，帮助教师更好地开展研究工作。第二，指导小组组织相关的培训课程和研讨会，帮助提升教师的研究能力和方法论。第三，指导小组促进教师之间的交流和合作，让教师之间互相学习、分享经验，共同提升研究水平。第四，指导小组帮助教师确定研究方向和选题，对每年申报的课题细心指导、反复打磨。

研究过程中，指导小组协助教师进行科研论文的写作和修改，帮助教师获取更多的科研资源和机会，如学术期刊的推荐、科研项目的申报、学术会议的参与等，并提供评估机制和反馈，帮助教师及时了解课题研究的进展，及时调整研究方向和方法。教师在指导小组的支持下，一起讨论和解决科研中的问题，分享研究成果和经验，促进学术合作和交流。

我校的立项课题范围广，覆盖不同的学科。通过专家指导小组的支持和指导，学校为教师的科研能力提升提供个性化和专业化的帮助，有力地推动了教师科研能力的提升，促进学校的科研发展和进步。

3. "三优先"工程

课题研究需精益求精的态度、持之以恒的精神。我们想方设法给予教师鼓舞和肯定，用"三优先"工程来激励教师，提升教师科研之路的幸福感。

（1）学校奖励优先。

我校通过科研项目专项经费资助、学术成果奖励，以及科研团队建设和合作支持等奖励机制，鼓励教师积极从事科研创新。

学校成立了科研项目资助基金会，为教师提供科研项目的经费支持。根据不同级别的课题，设立项目资助，以保障科研项目的启动和后期维持，为教师消除研究过程中的后顾之忧。通过申请资助，教师参与科研项目的积极性提高了，后期的科研探索也更加顺利。

学校设立了学术成果奖励机制，对教师在科研领域取得的突出成果进行表彰和奖励。这包括奖励教师发表高水平的学术论文、获得科研项目的资助、获得专利或著作权，还包括奖励教师参加学术会议、访问学者、交流访问等。通过奖励学术成果，支持学术交流，拓宽教师的学术视野，提高了我校教师综合科研能力。

通过奖励机制，鼓励教师积极参与科研活动，我校教师的科研动力和热情持续高涨，学校的科研项目的提升和发展效果显著，科研水平明显提高，市、区级教育局多次将我校列为课题研究探讨实验点。

（2）学习机会优先。

我校鼓励教师参加学术访问和交流、学术会议和研讨会、学术讲座和研究报告、学术培训和工作坊，但凡有外出学习的机会，我们都优先安排课题主持人、课题参与者参加，外出学习回来的教师还会在校召开学习分享会。我校积极参与跨学科融合、跨区域调研，鼓励教师外出参与科研合作，加入各级科研团队，与有经验的教师和研究人员共同工作，学习他们的科研方法和技巧，提高自己的科研能力。向积极科研创新的教师优先提供学习机会，激发了教师的学习热情和科研潜力，提升了教师的科研能力和创新水平。

我校多次邀请出版社专家到校，指导教师学术出版和发表，为教师的科研创新提供支持和指导。论文、小课题是教师科学研究的重要因素，通过发表学术论文可以提升教师的学术声誉和影响力，对参与课题，或者手持小课题的教师优先提供学习机会，是对科学研究的尊重，也是对教师们的鼓励。

通过优先提供这些学习机会，学校帮助教师创造条件，提升科研能力，助力成长。学习机会优先，既是对人才的尊重，也是提升学校科研团队实力的有效手段。学校为优秀教师提供了学习和交流的平台，为教师提供了拓展知识和技能的机会，促进其在科研领域的成长和发展。

（3）学术荣誉和晋升优先。

我校设立了科研成果奖励机制，对教师在科研领域取得的优秀成果进行评选和奖励，如发表高水平的学术论文、获得科研项目的资助、获得专利或著作权等。通过评选奖励，提高了教师参与科研活动的积极性。

学校设立了科研先进个人、优秀科研团队、科研领军人才等荣誉称号，鼓励教师争取国家级、省级或校级的科研项目，在科研领域努力做出成绩、做出贡献。学校的荣誉机制保障，既是对教师的科研能力的肯定，也是对教师学术声誉的维护。科研能力也是教师职称评定与晋升的重要指标。教师在科研方面取得突出成果和贡献，可以加分或者缩短职称晋升的时间。

做课题研究的教师对教育有情怀、有激情，我们努力为其搭建专业提升的平台。每年的"先进教师"评选，都会优先考虑做课题研究的教师。通过评优评先向科研创新教师倾斜的评价机制，激励了教师积极参与科研创新，提高了学校的科研水平和创新能力，进而建立一支高水平的科研团队，推动学校的科研发展，提升学校的整体学术声誉和竞争力。同时，这一机制也要确保评优过程的公正性和透明度，避免评选过程中的不公平现象。

目前，我校探索出"五能教师"队伍建设的培养体系和培训模式，打造了一支高素质的教师团队，在以科研能力为引领的"五能教师"道路的引领下，一批批教师迅速成长。我校现在拥有市、区、街道骨干教师21人，各科组成立了多个名师工作室，每个名师工作室主持人都有自己的研究课题，例如戚海柱、黄忠健工作室主持、参与了省级课题的研究，我校孙明洁副校长主持的多个佛山市课题成功结题，关健安、李咏茵等工作室主持人主持了市级课题，朱晓媚、黄晓华工作室主持人主持了市、区级课题。语文、数学、科学、音乐、美术五个教研组被评为街道示范教研组，数学科组被评为南海区和佛山市示范教研组。关健安、孔令灿、梁结梅等学科名师多次受邀到市内外兄弟学校送课、送讲座、介绍经验。名师工作室更好地发挥了带动作用，促进成员的科研创新和团队合作，提高学校的科研实力和影响力。经过学校培养，一批批教师走上桂城其他学校的新岗位，迅速成为该校的骨干教师、行政领导，为街道输送了优秀人才。

二、我校申报省级课题优秀案例展示

案例一：

张洪伟校长主持的省级研究课题"基于自我决定论下小学教师职业发展正向激励机制的研究"开题报告（见表6-1）。

表6-1 "基于自我决定论下小学教师职业发展正向激励机制的研究"开题报告

一、开题活动简况：开题时间、地点、评议专家、参与人员等（略）
二、开题报告要点（题目、内容、方法、组织、分工、进度阶段计划、经费分配、预期成果等，限5 000字，可加页） （一）题目：基于自我决定论下小学教师职业发展正向激励机制的研究 1. 研究背景 2021年，国务院在《关于教师队伍建设和教师法实施情况的报告》中明确指出，要把健全师德建设长效机制，提升教师能力素质，全面推进教师管理改革，不断完善现代化教师管理作为教师队伍建设的重点工作。 同时，2022年我校在国家"民转公"的政策下，由民办学校正式转制为一所新型的公办学校，其中管理机制、运转模式和教师队伍均发生较大变化，如何在转制后继续调动教师队伍的积极性，保持高水平的办学质量，是学校现阶段亟待解决的问题。 因此，基于以上背景，借由本课题构建出一套适应新形势的教师职业发展正向激励机制具有较强的现实意义。 2. 核心概念界定 （1）教师职业发展：主要指教师专业能力提升和行政职务晋升两个方面。本研究中教师职业发展一词意为教师根据组织发展和个人成长的需要，树立明确职业发展目标，并持续不断为之而努力，从而实现个人抱负，并为学校和社会创造劳动价值的过程。 （2）正向激励：即使用无惩罚的、正向的方式促使个体的行为由外界资源驱动转为个人内在驱动的管理策略，通常包含两种形式，即物质奖励和精神奖励。

续上表

3. 理论依据

（1）勒温的场动力理论。

场动力理论认为人的动机行为是源于个体心理场与外界环境场的互动。人的信念、感情和目的等，即个人内在"心理场"，被知觉到的外在环境，即"环境场"。并且，心理场与环境场并非一成不变的稳态关系，而是保持着一种动态的平衡。

（2）德西的自我决定论。

自我决定同样着重个体与情境的能动关系，该理论相信，人天生有发展的需要，如果社会环境能够很好地满足个体的归属感、自主感和胜任感这三种基本心理需要，那么人的发展动机就会持续涌现。

场动力理论中的动态平衡是教师职业发展正向激励机制的终极追求，但勒温的场动力理论在指导正向激励措施的探索上缺乏可操作性。因此，本研究同时引入德西的自我决定论，以当中的"归属感、自主感、胜任感"三大基本心理需要作为策略抓手，指导具体激励措施的建设，以自我决定论实现场动力理论中心理场与环境场平衡的理想状态。

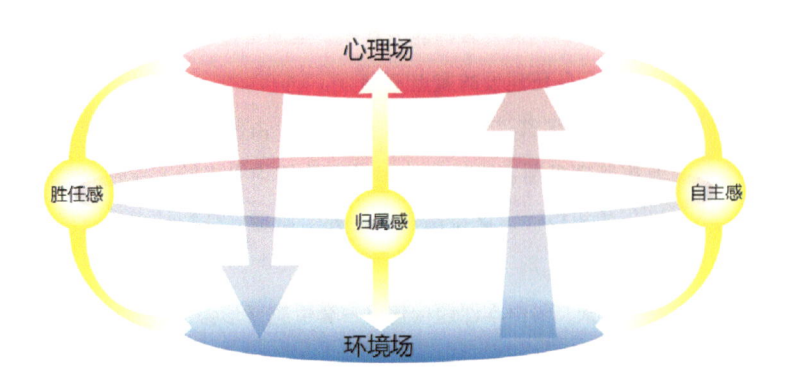

图 1　理论框架

4. 研究现状

李黛在研究《基于勒温场论的高校教师激励问题研究》（2013）中认为，勒温的场动力理论直观地揭示了个体成长需要的全面性（即内在需求和环境需求）及动态性，并最终把落脚点放置于团体中，认可个体与团体间的相互作用，勒温的场动力理论的应用正好契合教师激励措施的研究。周详和崔虞馨（2021）则认为"归属感、自主感、胜任感"这三种基本心理需要是联结外部环境与个体心理及行为的纽带，基

续上表

本心理需要越被满足的知识工作者在工作中越表现出更高的自我管理与自我控制水平，也更看重个人的成长与发展。

基于上述分析，本研究认为可以以勒温的场动力理论为引领，德西的自我决定论为支撑，通过对以下三个研究问题进行探索，进而构建出一套小学教师职业发展的正向激励机制。以下为本研究拟解决的问题：

（1）如何基于勒温的场动力理论与德西的自我决定论，结合学校的实际，构建一个合理的总体推进框架？

（2）如何总体推进框架，探索和落实教师职业发展的正向激励措施，并形成机制？

（3）如何检验以确定教师职业发展正向激励机制的实效性？

5. 研究目标

（1）总体目标。

以勒温的场动力理论和德西的自我决定论为理论基础，探索促进教师主动成长的有效策略，形成小学教师职业发展的正向激励机制，推动教师的自我反思与积极革新，为教师自我提升持续输入动能，增强教师队伍的总体素质，为学校管理提供创新性思路。

（2）具体目标。

①构建勒温的场动力理论与德西的自我决定论相融合的总体理论框架。

②探索出基于归属感、自主感和胜任感的教师职业发展正向激励措施。

③确定教师职业发展正向激励机制的实效性。

（二）内容

1. 构建出基于勒温的场动力理论与德西的自我决定论相融合的总体推进框架

梳理相关文献理论，结合我校"民转公"的现实背景和对教师个人发展的需求调查及《SDT基本心理需要满足量表》的测试结果，以场动力理论中的心理场与环境场的动态平衡为正向激励机制的实践目标，以自我决定论中的"归属感、自主感、胜任感"三大基本心理需求为具体激励策略抓手，形成支撑正向激励机制构建的创新融合理论框架。

2. 探索促进教师职业发展的正向激励措施，整合形成正向激励机制

根据自我决定论中的"归属感、自主感、胜任感"三大基本心理需求开发出一套激励教师职业发展的"335策略"——三个计划、三个项目、五个工程，促使教师成为全面发展的"五能"教师，即师德师风正、文化素养高、带班能力好、教学技能精、科研能力强。

续上表

(1) 归属感模块包含员工心理援助计划（EAP）、"+"园文化计划和"+"园营造计划。秉承校园也是家的理念，为教师提供心理服务，开展教师俱乐部和内容多样的主题沙龙，丰富教师的精神生活，通过场室的美化升级，使工作环境更舒适宜人，起到环境舒缓心情的作用，增强教师"有爱，有家，有桂外"的归属感。

员工心理援助计划（EAP）：为教师提供心理评估、心理咨询和团康活动等服务，它是由学校为全体教师设置的一套系统的、长期的福利与支持项目。通过专业人员对组织的诊断、建议和对教师提供的心理服务，旨在帮助解决教师的各种心理和行为问题，提高教师在学校中的工作绩效和职业幸福。

"+"园文化计划：以校园就是家的理念塑造"+"园文化，开展一系列团结教师的主题活动，设置不同类别的教师俱乐部，教师可以根据自身的爱好加入不同的俱乐部；除此之外，开展内容多样的主题沙龙，让教师可以畅所欲言，丰富教师的精神生活；另外，举办 Family Show——教师亲子活动，关爱教师子女，使教师本人充分感受组织的关怀。

"+"园营造计划：学校将升级优化教师场室，为教师打造温馨、惬意、文艺、劳逸结合的专属工作空间，包含办公室、休息室、图书馆、户外空间等服务于校园文化，同时又结合艺术美感和教师关怀的场室。教师办公室窗明几净、整洁有序、舒适温馨、书香四溢，既有学校的文化特色，也有教师手工作品展示，方寸之地尽显雅致；教师休息室清新宜人，适合教师在课堂前后小憩，室内包含茶具、点心、棋类等让教师放松身心的元素，让教师以更愉悦的心情投入教学工作中；教师图书馆大致分为咖啡休闲区、阅读区、电子阅览区、交流讨论区、公共互动区和学术研讨区，设计紧密贴了教师教学这一最根本的职责，有助于教师们在切磋研讨中提升自身的教学能力；此外，校园有教师户外书吧、钢琴弹奏区、教师风采展示、师生活动墙等，用于激励、展示教师的文化环境比比皆是。

(2) 自主感模块下设名师领衔、星级教师和管理体验三大项目。每学年依据个人总体素养选定标杆教师在校内设置名师工作室，赋予工作室主持人优先选择课题、担当公开课评委等权利，以点带面，引领其他教师快速成长；搭建星级教师晋升阶梯，以荣誉称号和赋予教学科研一定自主权的方式激活教师终身学习的积极性；实行"值周校长"管理体验项目，每周一升旗仪式期间由校长随机抽取一名普通教师作为当周的"值周校长"，赋予教师感受校长岗位职责的机会。

名师领衔：学校以骨干教师牵头，成立名师工作室。名师工作室的组建采用双向选择的原则，学科带头人组建工作室，其他教师自由选择加入，可以是跨学科研究。

续上表

每个工作室要求有每学年的研究主题、方案,每次活动均有记录,每学年进行工作室的工作汇报。同时,名师工作室承担学校的"青蓝工程"活动,让名师与青年教师互相成长。

星级教师:星级教师分为五个等级,从低至高分别为"希望之星—课堂新秀—教坛新星—教学能手—学科带头人",根据不同的等级,享受相对应的待遇。每学年期末个人自愿申报,学校挑选科级组长、教代会成员和普通教师组成考核小组进行材料审核和评定。评价内容包括师德师风、岗位职责、教学常规和教育科研。其中,最高等级的学科带头人,除了进行资料审核之外,还需要进行认证答辩,答辩小组由专家、学校领导组成,答辩内容分德育和教学两类,答辩成功,享受学校绩效考核的最高等级,同时组建学校的名师工作室,在专业化成长上搭建更大的平台。

管理体验:"值周校长"对全体师生负责。值周期间"值周校长"在完成自己的本职工作之余,需履行校长的部分职责:包括全校人员的考勤,工作日早8:00的碰头会,对校园的日常检查,发现学校隐患和问题;深入一线课堂,了解课堂教学;与两位及以上的教职工谈心谈话;汇集教师及家长对学校发展的意见和建议;与两名及以上的学生做深入沟通,了解学生学习及生活状况;旁听学校行政会议,给予可行性建议;在教师例会上汇报一周工作体会。教师参与民主治校的过程,体现的是平等包容的思想,旨在为基层教师搭建一个展示才能的平台,让基层教师学会用校长的思维谋划全局,学会用校长的胸怀担当履职。

(3)胜任感模块囊括青蓝工程、蓄力工程、涓流工程、星光工程、领航工程五大工程,意在通过不同项目全面提升教师的工作水平,增强教师对职业的胜任感。

A. 青蓝工程用以旧带新的方式促进青年教师的成长;

B. 蓄力工程专注于通过听评课、竞赛等方式为教师的专业能力固本培元;

C. 涓流工程着眼于教师的继续教育,通过培训为教师的终身学习输入持续动能;

D. 星光工程规划资历深的教师与资历浅的教师搭班,全面提高教师的带班能力;

E. 领航工程以强师风、铸师德为指向,由学校党支部牵头组织专题学习。

3. 检验教师职业发展正向激励机制的成效

采用定量与定性相结合的方式,使用与前测相同的量表和调查问卷对教师进行后测,对机制下的特色个案结合访谈提纲进行谈话,并对评价小组展开关于教师职业发展内驱力改善情况的问卷调查与访谈,收集有关机制实效性的反馈。

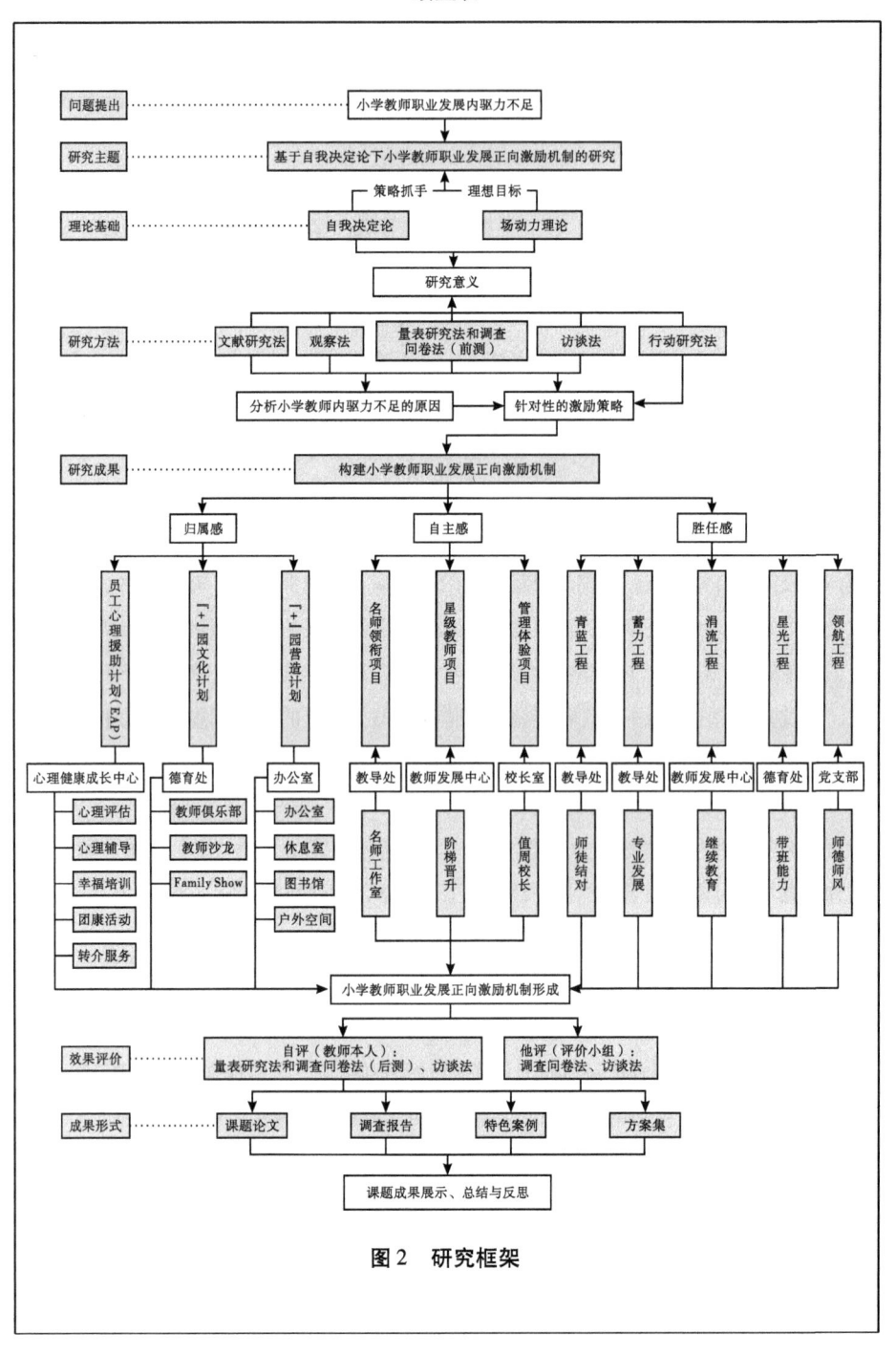

续上表

图2 研究框架

续上表

> **（三）方法**
>
> （1）文献研究法：本课题以勒温的场动力理论和德西的自我决定论为理论切入点，结合关于小学教师职业发展内驱力的内容开展文献资料的搜集和查阅，全面了解两个理论以及前人在教师职业发展正向激励机制构建的研究成果。
>
> （2）观察法：本课题主要采取非参与式观察法，课题小组通过观察学校一线教师的教学教研活动及日常工作情况，了解目前教师职业发展内驱力的真实现状及存在问题，为研究提供客观的材料支撑。
>
> （3）问卷调查和量表研究法：本课题使用自编的《教师职业发展需求调查》和改良版的德西《SDT基本心理需要满足量表》进行激励机制实施前后的对照测验。前测意在明晰学校教师的成长诉求，初步了解教师在校的基本心理需要的满足情况，用于有针对性地开发激励策略；后测意在把握机制的实际效果以及教师在校的幸福感提升情况。
>
> （4）行动研究法：根据研究思路与研究计划，统筹多个部门推进激励措施的落实运行，并对实施过程中产生的问题进行思考，不断积累经验，优化机制。
>
> （5）访谈法：前期选取4位受访者进行开放式访谈，根据受访者的反馈及时调整适合研究的访谈提纲。后期选取14位受访者依据提纲进行深度访谈，其中包括学校行政管理者4位，班主任及科任教师共10位，受访教师覆盖范围广，访谈内容全面，旨在为机制的实效提供定性支持。
>
> **图3 研究方法框架**

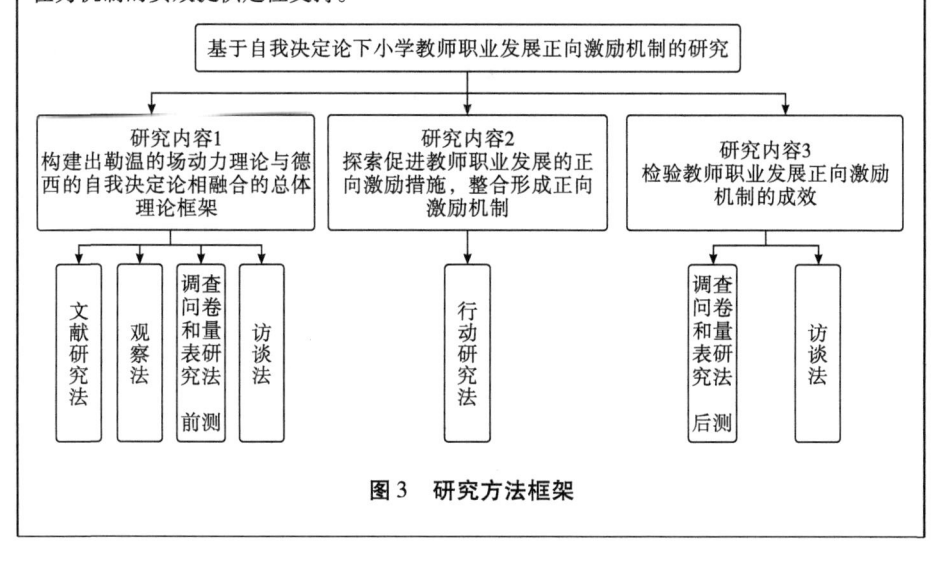

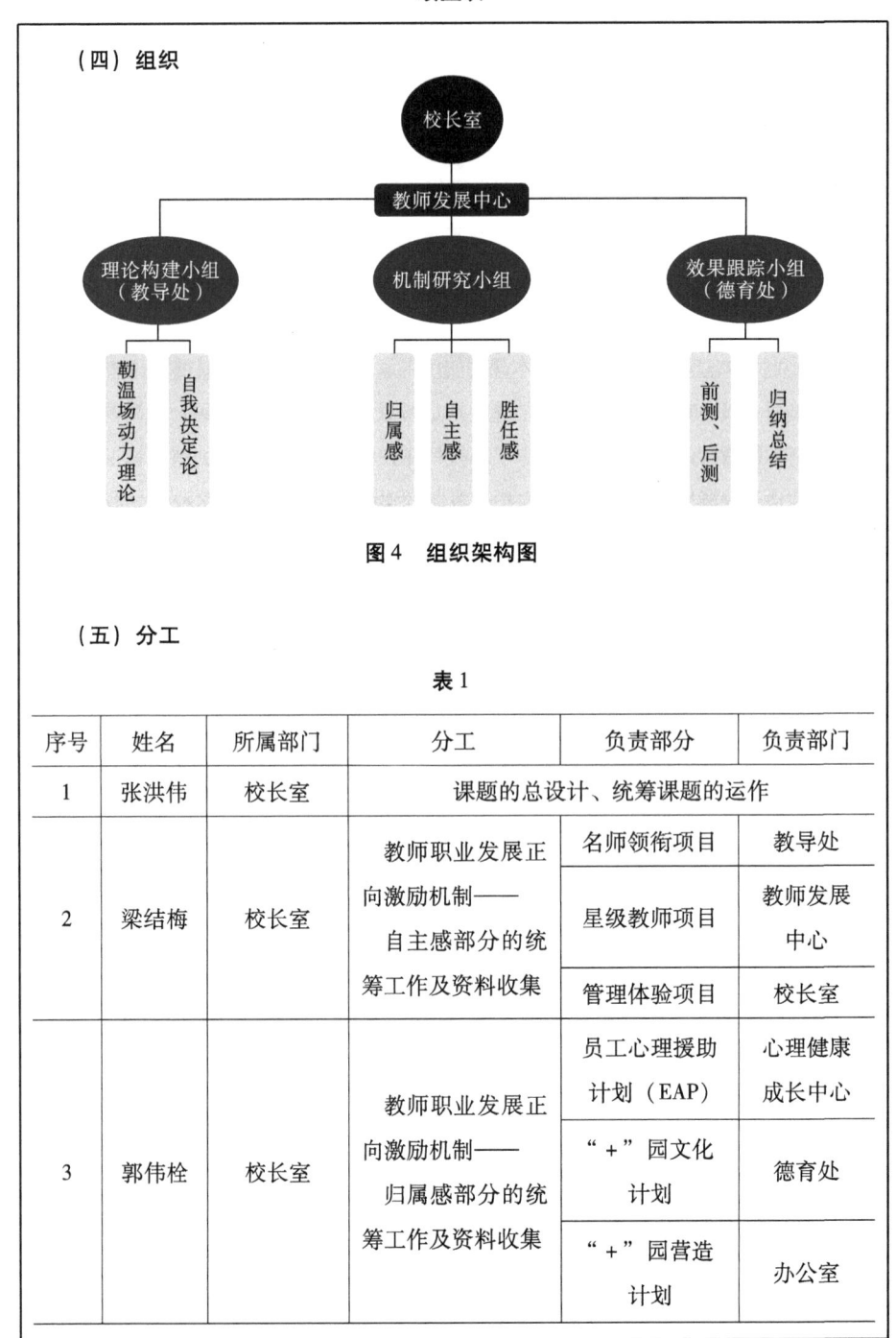

续上表

(四) 组织

```
                        校长室
                          |
                     教师发展中心
           ┌──────────────┼──────────────┐
     理论构建小组      机制研究小组       效果跟踪小组
     (教导处)                            (德育处)
      ┌───┬──┐         ┌───┬───┬───┐      ┌────┬────┐
   勒温  自我         归属  自主  胜任    前测、 归纳
   场动  决定         感    感    感      后测   总结
   力理  论
   论
```

图 4 组织架构图

(五) 分工

表 1

序号	姓名	所属部门	分工	负责部分	负责部门
1	张洪伟	校长室	课题的总设计、统筹课题的运作		
2	梁结梅	校长室	教师职业发展正向激励机制——自主感部分的统筹工作及资料收集	名师领衔项目	教导处
				星级教师项目	教师发展中心
				管理体验项目	校长室
3	郭伟栓	校长室	教师职业发展正向激励机制——归属感部分的统筹工作及资料收集	员工心理援助计划(EAP)	心理健康成长中心
				"+"园文化计划	德育处
				"+"园营造计划	办公室

续上表

序号	姓名	所属部门	分工	负责部分	负责部门
4	黄晓华	教师发展中心	教师职业发展正向激励机制——胜任感部分的统筹工作及资料收集	青蓝工程——师徒结对	教导处
				蓄力工程——专业发展	教导处
				涓流工程——继续教育	教师发展中心
				星光工程——带班能力	德育处
				领航工程——师德师风	党支部
5	何聪怡	心理健康成长中心	通过调查问卷、量表、访谈等发现问题并形成报告		
6	李咏茵	办公室	统筹组织相关论文评比		
7	郭林	综合科组	收集特色案例，整理成集		
8	王键宇	语文科组	收集、梳理所有方案，形成方案集		
9	阮嘉颖	语文科组	负责课题的会议记录，协助校长室完成课题的计划和总结		

（六）进度阶段计划

本课题自 2023 年 4 月开始启动，规划到 2024 年 12 月完成，具体实施步骤如下：

续上表

研究阶段	各阶段计划	总负责人
第一阶段 研究初级阶段 （2023年4月— 2023年6月）	1. 课题组成员开展与课题相关的能力培训，包括但不仅限于资料查阅能力、语言整合能力和数据分析能力等。（教师发展中心牵头） 2. 对学校教师进行发展需求调查、基本心理需要测量和半结构化访谈并整理所得数据。（心理健康成长中心牵头） 3. 理论构建研究小组与机制研究小组展开分享、交流和研讨活动，确定以自我决定理论中的三大基本心理需要作为建设激励策略的主要切入点，并结合前期教师需求调查结果和基本心理需要量表得分思考具体落地的激励方案。（校长室牵头） 4. 以文字的形式梳理激励措施，汇总集合成机制运行方案的初稿。（课题小组）	何聪怡
第二阶段 研究深入阶段 （2023年7月— 2024年8月）	1. 召开教师代表大会，征询对正向激励机制运行方案初稿的意见，课题小组斟酌后进行适当的修改优化。（校长室牵头） 2. 按照组织分工推进机制实施。包括归属感机制架构中的员工心理援助计划（EAP）、"+"园文化计划、"+"园营造计划；自主感机制架构中的名师领衔项目、星级教师项目、管理体验项目；胜任感机制架构中的涓流工程、蓄力工程、领航工程、青蓝工程、星光工程"五能教师"职业发展培训体系。（校长室牵头） 3. 课题组定期开展交流研讨，结合行动研究法对研究过程中产出现的问题进行反思，优化机制，推进课题论文、报告、方案和案例的撰写。（课题小组）	黄晓华
第三阶段 研究结题阶段 （2024年9月— 2024年12月）	1. 效果跟踪小组展开评价跟踪。使用与前测相同的问卷和量表对教师本人进行后测，结合机制运行后的访谈，把握教师在教师职业发展正向激励机制的作用下职业发展内驱力的提升情况。 2. 课题小组在每班再建他评评价小组，通过问卷调查和个别访谈，了解激励机制运行后教师工作的投入度。 3. 归纳整理课题研究资料，全面展示课题引领下的研究成果，包括课题论文、调查报告、特色案例和方案集。 4. 撰写结题报告，总结课题经验及进行课题反思，申请结题，迎接专家审核评估。	李咏茵

续上表

（七）预期成果

1. 实践成果

（1）从教师层面来看，在本研究理论体系构建的小学教师职业发展的正向激励机制的作用下，教师终身学习的主动性得到提升，对学校的归属感、教育教学工作的自主感、胜任感有一定的提高，能自觉保持源源不断的发展动力，并最终获得职业幸福感。

（2）从学校层面来看，教师队伍素质得到增强，学校的管理水平更上一个台阶，实现教师个人发展与学校总体发展相统一的理想局面，使保持学校高水平的办学质量得到人才保证。

2. 理论成果

在勒温的场动力理论以及德西的自我决定论的理论指导下，以场动力理论中的平衡为目标，借助自我决定论的归属感、自主感、胜任感为抓手，搭建起小学教师职业发展的正向激励机制的创新融合理论以及具体的干预策略。从归属感出发，开展员工心理援助计划（EAP）、"＋"园文化计划、"＋"园营造计划；从自主感出发，开展名师领衔项目、星级教师项目、管理体验项目；从胜任感出发，开展青蓝工程、蓄力工程、涓流工程、星光工程及领航工程。

3. 物化学术成果

本研究将形成论文三篇、课题行动报告一篇。

（1）以勒温的场动力理论作为顶层设计，融合德西的自我决定论来探索三大心理需要对于教师职业发展的影响，题目初定为《勒温场动力学视域下自我决定论对教师职业发展的影响》。

（2）研究以本课题构建的正向激励机制所使用的名师工作室这一策略对于教师自我效能感提升的作用，作为主要研究撰写方向，题目初定为《名师工作室环境下教师自我效能感提升的研究》。

（3）研究本课题理论设计下的正向激励机制对于教师专业发展的可落地性和实操性，阐述本机制的成效，题目初定为《基于德西自我决定论的正向激励机制对教师专业发展的实效性研究》。

课题主持人签名：

年　月　日

案例二：

佛山市教育科学"十三五"规划课题"初中语文跨区域可视化教学资源共建共享研究"结题报告（见表6-2）。

表6-2 "初中语文跨区域可视化教学资源共建共享研究"结题报告

初中语文跨区域可视化教学资源共建共享研究
结题报告

一、课题基本信息

1. 课题名称：初中语文跨区域可视化教学资源共建共享研究

2. 完成人：张洪伟、吴永红、吴捷、王晨、李心伟、张仲文

3. 摘要：可视化教学资源共建共享是适应信息时代的发展探索的新的教学方式。大数据、人工智能、云计算等技术将对教育产生深刻影响。当前大环境背景下，"线上线下"结合的教学模式已屡见不鲜。通过该课题研究，开发跨区域系列化可视化教学案例，共建共享课程资源库，并开展应用研究；建立跨区域教研共同体，完善可视化教学机制；开展跨区域定向帮扶支持，筑牢可视化教学资源共享基础。

4. 关键词：初中语文、跨区域、可视化、共建共享

二、主体部分

1. 引言与背景

（1）问题提出。

习近平总书记指出："要加强人工智能同保障和改善民生的结合，从保障和改善民生、为人民创造美好生活的需要出发，推动人工智能在人们日常工作、学习、生活中的深度运用，创造更加智能的工作方式和生活方式。要抓住民生领域的突出矛盾和难点，加强人工智能在教育、医疗卫生、体育、住房、交通、助残养老、家政服务等领域的深度应用，创新智能服务体系。"由此我们可以看出大数据、人工智能、云计算等技术将对教育产生深刻影响。当前疫情背景下，"线上线下"结合的教学模式已屡见不鲜，同时南海实验中学从2020年开启了集团式办学，集团内部的师资交流、教学交流日益频繁，同时我们还与三水区、贵州黔东南和新疆伽师等地建立了良好的合作关系，新背景下跨区域的交流互鉴急需积累新的经验和模式。

通过本课题的研究，积极推动人工智能和教育深度融合，促进教育变革创新，发挥在线教育技术的优势，辅助学生进行跨区域远程教育，推动课堂教学模式从"封闭"向"开放"转型，加快学生学习"个性化"与教师教学"差异化"的进程。

续上表

(2) 文献研究。

"可视化"作为在线教育技术的重要内容之一，在国外已有较长的研究历史。在中国知网上以"可视化"为关键词对近十年的论文进行检索，可以检索到 47 703 条结果。以"可视化教学"为关键词可以检索到 741 条结果，可见目前国内的可视化教学系统研究成果并不多见，但是在教育领域的关注度却是逐年提高，最初主要在计算机等科学领域，后来发展到高等教育领域，近年来逐步引入基础教育阶段的教学研究之中。研究方向大致可以分为四类：一是根据可视化的相关概念对教学的价值进行理论的阐述；二是介绍可视化在基础教育教学中应用的一般问题；三是可视化策略在学科教学中的应用模式研究，其中语文学科以阅读和作文应用为主；四是运用可视化策略优化课堂结构的研讨。除思维导图运用外，还可以用概念图、结构图、鱼骨图、知识动画等具象策略来构建高效课堂。

(3) 研究综述。

可视化教学是当前教育研究领域的热点，但可视化教学应用研究目前仍旧偏重于高等教育领域，在知识技能方面偏重于科学类学科，在人文学科方面的涉猎较少，相关的研究成果不足。有关可视化教学在语文学科上的教与学模式的应用研究或个人经验总结也缺乏系统性，仅限于单一学段或单一的工具使用如思维导图、概念图等，忽视了可视化工具的多样性，没有开展过义务教育全学段的研究，研究的连续性不够。自 2015 年教育部颁布了《关于加强高等学校在线开放课程建设应用与管理的意见》（教高〔2015〕3 号）以来，催生了不少在线教育教学平台，但各平台在"可视化"方面的研究甚少，也存在一定的不足。

本课题的研究重点在于建设一个跨区域的共享共建资源库，将优质的课例、微课、视频等资源纳入其中，为中小学语文可视化教学研究提供一定的支撑。

2. 研究设计与实施

(1) 研究目标。

通过该课题研究，开发跨区域系列化可视化教学案例，共建共享课程资源库，并开展应用研究；通过创设直观情境，让学生获得知识和情感的直接体验；通过可视化工具，帮助学生自我梳理、建构古诗文、阅读与写作知识模型，提高听、说、读、写与感知、理解、交流、表达、评价等语文核心能力；系统全面地掌握文本思维与写作思维，能够独立并深入思考，拥有独特的审美体验，从而提高学生的语文核心素养，增强审美情趣，陶冶情操。

续上表

①在可视化古诗文教学模式下，通过可视化工具，如图画等直观描述古诗文意境，对古诗文有直观的体验，接受美的熏陶。

②在可视化阅读教学模式下，通过可视化工具，如思维导图、概念图、鱼骨图等引导学生对文章进行整体感知，更好地帮助学生理解与思考，在所创设的可视化图示环境下建构阅读思维，深层次地体验和理解文本，真正提升阅读能力。

③在可视化作文教学模式下，通过可视化工具，如思维导图、图表等引导学生从作文的选材、立意、语言等方面调动内在知识储备，将写作思维过程可视化。

④跨区域共建共享系列化可视化课程资源库并开展应用研究。

（2）研究内容。

①设计"指向跨区域中小学语文学业水平提升"的可视化教学案例。

②开发"指向跨区域中小学语文学业水平提升"的系列化可视化课程资源库。

③研究"指向跨区域中小学语文学业水平提升"的系列化可视化课堂模式的应用与策略。

（3）研究思路。

首先，通过专家指导、查阅文献和书籍，收集国内外有关可视化教学的研究成果，了解可视化教学在中小学语文学科的研究现状。

其次，通过专题培训、经验研讨等确定研究对象，明确课题研究的方向、研究的目标、内容、思路和方法等。

再次，结合可视化教学理论和新疆伽师二中、贵州黔东南学校和南海实验中学、三水中学附属初中、三水区实验小学几所学校学生的心理特点，提出跨区域可视化教学策略，并将可视化教学策略应用于中小学语文课堂教学中，呈现跨区域可视化教学应用案例，并研究跨区域可视化课堂模式及有效策略。

最后，用统计学方法对可视化教学成果进行分析，检视可视化教学成果，并通过案例的积累，共建共享课程资源库，为后续可视化教学研究提供一定的参考。具体研究框架如图1所示：

续上表

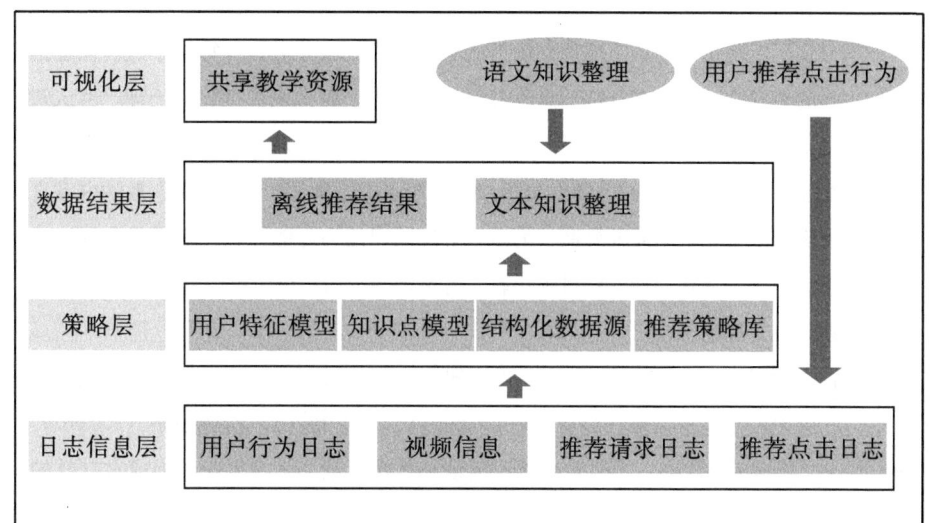

```
可视化层      [共享教学资源]      语文知识整理      用户推荐点击行为
                    ↑                  ↓
数据结果层    [离线推荐结果    文本知识整理]
                                  ↑
策略层        [用户特征模型  知识点模型  结构化数据源  推荐策略库]
                                  ↑
日志信息层    [用户行为日志   视频信息   推荐请求日志   推荐点击日志]
```

图1　研究思路图

可视化教学是以视觉空间为基础而组织实施的教学活动，是基于学习者生理与心理要素开展的认知活动。

①认知心理学。

认知心理学（Cognitive Psychology）是以信息加工为核心观点的心理学科。认知心理学主要研究人类的感知觉、注意、记忆、表象、思维、语言等认知过程，采用信息加工观点研究认知。认知心理学认为学习是一个信息加工的过程，人们获取信息或者学习首先来源于感知觉。人们获得知识的过程是指人认识外界事物的过程，即对作用于感觉器官的外界事物进行信息加工的过程。认知心理学认为人脑的信息处理就像计算机系统一样，由感受器、反应器、记忆器、处理器四部分组成。其信息加工与处理过程是向感受器输入信息，感受器对信息进行转换，转换后的信息在进入长时记忆之前要经过处理器进行符号重构、辨别、比较，之后反应器对外界做出反应。人的认知过程分为感性认知与理性认知两个阶段。感性认知是理性认知的基础，通过感性认知最后达到理性认知的飞跃。感性认知是客观事物直接作用于人的感觉器官在大脑中产生的反应形式，包括感觉、知觉、表象等，其特性包括直接性、生动性、具体性。理性认知是认识过程的重要阶段，以事物的本质规律为认知对象，是对事物内在联系的认知，其特征包括抽象性、间接性、普遍性。表象系统属于感性认知，人的视觉特别发达，可以分别被有关刺激所激活，人获取信息首先来源于感知觉。认知心理学认为，

续上表

人的学习实际上是信息获取、处理、输出的心理过程，以此类比计算机系统。视觉是人们主要的感觉之一，接受外部信息不需要刺激的产生而实现信息加工处理。由认知心理学得到启示，可视化教学正是利用人的表象认知系统，运用技术将教学内容重构为有内在联系的图片、图像、视频、3D、AR/VR/MR 等学习环境或资源，教学内容直接通过视觉让人接受，不需要刺激，为学习者的知识建构与能力转化提供低成本高效益的支持。因此，认知心理学对可视化教学有重要的理论支撑作用。

②建构主义理论。

建构主义理论（Constructivism）是认知心理学的分支，以让·皮亚杰（Jean Piaget）、劳伦斯·科尔伯格（Lawrence Kohlberg）、罗伯特·J. 斯滕伯格（Robert J. Sternberg）等学者为代表，主要研究学习活动与教学活动。学习可归结为通过有效的图式实现同化、顺应、平衡等认知心理活动。其中，同化和顺应是两个重要的活动，同化是认知结构的量变，而顺应则是认知结构的质变。在教学过程中，通过合理的教学设计，运用已有知识开展同化从而实现新知识的顺应。建构主义强调以学生为中心，体现学生对知识与技能的主动探索、主动发现、主动建构等过程。建构主义认为，知识不是通过教师传授而获得的，而是学习者基于一定情境在合作伙伴帮助下，利用必要的学习资料实现意义建构。建构主义提倡学习环境应当包括情境、协作、交流等。显然，情境处于建构过程的首位，也是基础。教学情境是在教学过程中创设的情感氛围，具有模拟性或虚拟现实性等诉求，应该具备具体化、形象化特征。良好的教学情境能充分调动学生学习的主动性和积极性，可以有效、高效地启发思考与发展智力。在情境中学习，有利于学习者利用原有认知结构中的经验去同化和检索新知识。按照建构主义理论的指引，契合"最近发展区"原理，借助合适媒体与技术的可视化教学方法、手段、资源，为学生构造一个近似真实的学习环境或情境，可以快速引导学生掌握新知识与技能。鉴于此，建构主义理论为可视化教学活动的设计提供重要理论支撑。

③双重编码理论。

1975 年，加拿大心理学家艾伦·佩维奥（Allan Paivio）提出基于长时记忆的双重编码理论（Dual Coding Theory），认为长时记忆分为"表象"和"语义"两个系统。"表象"系统以"表象"代码来储存信息，用于非语词事物、事件或影像的表征处理。"语义"系统则以"语义"代码来储存信息，用于语言处理。双重编码理论的核心思

续上表

想提出，同时用视觉、语言的形式呈现信息，可以增强信息的回忆与识别。佩维奥发现大脑对形象材料的记忆效果、速度要优于语义记忆的效果及速度。"表象"与"语义"两个加工系统功能既独立又相互联系。"语义"是以语言为基础的加工系统，"表象"是以意象为基础的加工系统。在教学中，运用新媒体新技术按照双重编码理论重构教学流程与重组教学内容，将教学内容科学合理地转化为适应学生"主动"学习的可视化内容或环境，可以大幅度提升学习者学习的速度与效益。由此可见，双重编码理论是可视化教学内容或资源设计的重要理论依据。

综上所述，认知心理学是可视化教学的重要支柱，建构主义理论是可视化教学活动的重要支撑，双重编码理论是可视化教学设计的重要支持。通过技术实现教学可视化，在相关理论的支持下将教学内容通过图表、图片、图像、视频，甚至 AR/VR/MR 等手段提前加以转换，可以大大降低信息获取的难度。基于此，学生在学习过程中的信息获取、处理、应用障碍极大程度地减少，从而实现高效益、高质量的学习。实现抽象原理具体化、复杂问题简单化、呈现过程动态化、交互环境虚拟化，对学生知识建构与能力转化具有强有力的支撑作用。在"读图"时代的当下，互联网、人工智能、物联网、5G、AR/VR/MR 等技术高速发展，人们的视觉要求不断提升，学习方面要求提高可视化程度也不会例外。

（4）概念界定。

可视化：指利用计算机图形学和图像处理技术，将数据转换成图形或图像在屏幕上显示出来，并进行交互处理的一种理论、方法和技术。常见的可视化技术或途径一般分为数据可视化（如 Excel 中的各种数据图表呈现）、知识可视化（如概念图、目录树、知识地图）和思维可视化（如思维导图、微课、动画呈现）三种。

可视化教学：指在新技术支持下，通过优化数据、知识或思维的视觉表征形式，将难以理解的数据、复杂的知识体系或本来不可见的内部思维过程呈现出来，有效提高信息加工及信息传递的效能。可视化教学强调教与学的过程必须得到充分展示（而非仅仅关注教学的结果），它是一种有效教学策略，可以应用在教育教学的全过程和各环节（课前、课中、课后）中，既可用于教师的"教"（可以看见教师的"教学"的内容、方式、过程、行为等），又可用于学生的"学"（可以看见学生的"学习"的发生、过程与思维等），并以"多环节助力，全程化贯通"的方式提高教与学的效能。

续上表

> 跨区域可视化教学：指不同地域、不同类型学校结成教育研究实践联盟，以可视化教学理论为依据，借助"互联网+可视化技术"，围绕学科可视化教学活动及资源共建共享实践，以提升学科知识、学科核心思维教与学效能为目标而建构的新型教与学方式。可视化教学是开展跨区域的课堂教学、资源共享和教师专业成长，促进学校联盟共同体教学质量整体提升的一条重要途径。
>
> （5）研究方法。
>
> ①文献研究法。
>
> 文献研究法是根据一定的研究目的或课题，通过查阅文献、资料、书籍等对事实的科学认识方法。本研究利用文献研究法了解了国内外关于可视化教学的研究现状，从而明确可视化教学的概念意义，了解可视化教学策略，为本研究奠定了基础。
>
> ②访谈法。
>
> 通过个别访谈、专家座谈等方法，了解国内外可视化教学的研究方向，确定本研究的目标、内容与方法，并通过中期、后期的总结与反思，及时调整研究方向和研究内容。
>
> ③实践研究法。
>
> 在新疆伽师二中、贵州黔东南学校与南海实验中学三所初中跨区域的实施可视化教学研究，在实践研究中推进研究工作。
>
> ④经验总结法。
>
> 研究过程中，及时分析与总结实践研究的经验，通过建立资源库、远程合作、远程培训、成果展示等总结收集研究成果，推进实践研究。
>
> （6）研究过程。
>
> ①搭建跨区域共享平台，丰富可视化教学资源。
>
> A. 基于微课的专递课堂资源建设。
>
> "专递课堂"强调专门性，主要针对对口支持的农村薄弱学校和教学点缺少师资、开不出开不足开不好国家规定课程的问题，采用网上专门开课或同步上课、利用互联网按照教学进度推送适切的优质教育资源等形式，帮助其开齐开足开好国家规定课程，促进教育公平和均衡发展。微课是一种基于知识重难点而精心设计的短小精悍的自主学习型资源。微课是专递课堂的一种核心资源。我们借鉴专递课堂的相关做法，将基于微课的跨区域可视化语文课堂建构为"设定目标—微课学习—提出问题—研讨

续上表

探究—撰写心得—实施评价"的模式（见表1）。首先，团队教师于课前上传本堂课的学习目标。基于备课组蹲点研究，上传的学习目标应从区域性、阶段性和层级性三个维度入手制定，尽量满足不同区域、不同阶段、不同层次学生的进阶需要，在提高学生学习积极性的同时又可让个体看到自我增值的空间，具有满足感和成就感，从而获得学习的强大内驱力。其次，播放事先录制好的微课视频（一般为 5~10 分钟），学生在观看微课中随时将问题记下，教师指定几位学生将问题利用可视化工具如思维导图、鱼骨图、蝴蝶图等进行整理、归类后，分派到各小组进行研讨，如小组内部无法解决，则全班一起研讨直到问题解决。最后，每一位学生再利用可视化工具撰写自己的心得，同时教师发放事先设计好的评价方案检测这堂课学生的学习效果。

表1 名著《水浒传》的可视化阅读教学专递课堂简案

课堂流程	具体阐述
设定目标	A 层级：能够借助可视化工具梳理一位梁山好汉的人生经历 B 层级：能够借助可视化工具将《水浒传》的链式结构表现出来 C 层级：能够借助可视化工具梳理前四十回中梁山好汉的人生经历，并按照链式结构串联成一个完整的英雄谱图
微课学习	以武松为例，借助"Canva 可画"梳理梁山好汉的人生经历，同时简要说明《水浒传》的链式结构特点
提出问题	1. 有哪些可供选择的可视化工具 2. 在梳理人生经历的时候，应当怎样取舍事件 3. 怎样将链式结构与人物经历的双向可视化绘制出来
研讨探究	1. 可供选择的可视化工具 2. 取舍事件的几个标准 3. 基于链式结构之下的人物经历梳理，二者可视化的有效实施方案
撰写心得	1. 学习到了多种可视化工具 2. 利用思维导图工具完成了《水浒传》链式结构的表征

续上表

课堂流程	具体阐述
实施评价	1. 口头评价： 你认为目标 A、B、C 三个层级你已经具备了哪一层的能力 2. 作业评价： 收集运用可视化工具制作的作业设计，并给予评价

B. 立足示范的名师课堂资源建设。

"名师课堂"强调共享性，主要针对对口支援学校教师教学能力不强、专业发展水平不高的问题，通过组建网络研修共同体等方式，发挥名师名课示范效应，探索网络环境下教研活动的新形态，以优秀教师带动普通教师水平提升，使名师资源得到更大范围共享，促进教师专业发展。经过实践探索，我们形成了线上与线下相结合、名师与当地教师联合教学的形式。

首先，为了更好地铺开优质资源，课题组选定了区级名师就语文的古诗词、文言文、综合性学习、阅读、作文等板块进行专题授课，授课的同时通过腾讯会议、QQ分屏、钉钉直播等现有教学平台同步跨区域直播，多校多班学生同上一节名师示范课，不同学校教师则充当个性化辅导员角色，并观测在同一个授课教师下群体的学习情况。

其次，利用工作室教研共同体开展共建共享。工作室教研共同体主要是从组织保障和主体活动两方面入手。在组织保障上，通过依托已有名师工作室，招募不同区域的网络学员，组建一个核心管理团队，强化专业的学习共同体。制定名师工作室教研共同体的规章制度。定期开展线上线下教学成果展示、网络研修、在线讲座等活动。这些活动首要突出语文特色，立足部编版教材与小升初、初升高衔接等内容。具体操作步骤如图2所示：

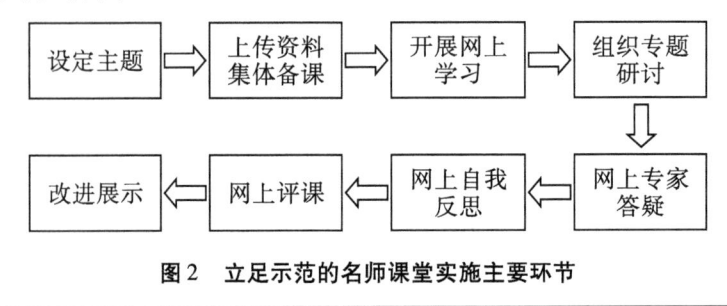

图2 立足示范的名师课堂实施主要环节

续上表

C. 基于"互联网+"的名校网络课堂资源建设。

"名校网络课堂"强调开放性，主要针对有效缩小区域、城乡、校际之间教育质量差距的迫切需求，满足学生对个性化发展和高质量教育的需求。近年来我校建设了一批网络直播教室，定期组织学校名教师开设直播课，并将直播计划和课程资源（如教案、课件、活动、练习等）等提前对外开放；受支援地学校教师结合本校学生的学习进度和接受能力进行二次教学设计。我校充分发挥"互联网+"优势，将各区域学校既有的优质语文课程与课例资源（包括公共平台中的可视化教学资源），运用可视化技术和手段对其进行优化和设计，让可视化技术能够充分在跨区域中应用。为了弥补早期跨区域可视化语文学习资源库不足的瓶颈，我们还充分挖掘、推荐和利用好现有的国家、省市"互联网+"名校名师资源，例如引入"南海云平台""天天智慧校园""国家中小学智慧教育平台""教育部基础教育精品课"等云平台或资源库的可视化教学资源作为教学补充，效果较好。

②建立跨区域教研共同体，完善可视化教学机制。

教师是跨区域可视化教学资源共建共享的主要设计者、实施者和研究者。为保障可视化教学资源共建共享的顺利开展，必须建立一个由不同地域教师组成的跨区域三级教研共同体，即备课组、学科组、名师工作室。

A. 备课组蹲点年级，落实可视化教学常规。

以联盟校教研共同体龙头学校南海实验中学为引领，帮扶学校包括新疆伽师二中、贵州黔东南学校、三水区附属中学、南海桂城映月中学等，建立分年级的备课组教研共同体。备课组共同体主要负责蹲点年级，利用问卷星、亿信ABI全能型数据分析平台，分年级调研不同区域学生在学业水平评价中的表现，全面梳理和动态把握本年级不同区域学生语文学习状况，了解学生语文学习的困惑点，为进一步共建共享优质的教学资源做铺垫。

B. 学科组依托课题，组建可视化研究团队。

学科组以课题为抓手，建立一个跨区域可视化教学研究与资源共享平台。以南海实验中学与新疆伽师二中跨区域可视化语文科组教研共同体为例：共同体由双方学校10多名市级语文学科中心兼职教研员、学科带头人、区名师和骨干教师等共同组成科组教研共同体，教师构成覆盖各专业层次，梯队合理、辐射能力强。双方依托课题研究，在不同区域、不同年级、班级内部开展可视化教学设计研讨研究，利用开展可视化教学与传统教学的对比研究方式，观察不同教学组织形式带来的不同教学效果。

续上表

C. 工作室借助平台，开展可视化研修活动。

工作室依托市区教育信息化网络平台，建立跨区域名师工作室教研共同体网络平台，开展了一系列不同专题的研修活动，促进跨区域教师专业化成长。首先，通过定期开展教师专业成长经验分享会、问题研讨会等活动，并运用可视化工具完整记录整个活动的流程，同步提高研修共同体成员的教学理论水平和可视化技术应用水平。其次，开展研修共同体教师同课异构、双师协同的上课活动。例如让不同区域的教师利用可视化技术共上同一篇课文，从不同的设计中总结不同区域语文课堂的形式与思路，或者让不同区域的教师共上同一个教学设计，观测不同教师对教学设计的理解，从而让每位教师都有所领悟。最后，工作室为每位成员建立成长档案，记录自己的专业成长，以可视化的方式呈现出来，例如微信公众号、朋友圈、微博、订阅号、视频号等。

③开展跨区域定向帮扶支持，筑牢可视化教学资源共享基础。

师资差异是跨区域交流帮扶的主要障碍。课题组设计了以"名教师+专题活动"的活动机制，不定期组织了一系列学科特色专题活动，促进了两地教师的专业成长，筑牢可视化教学资源共建共享的根基。一是定期组织团队教师观看了多场线上与线下相结合的专题讲座，邀请可视化领域的相关专家为团队教师上课。经过一段时间的培训，双方教师在对可视化教学的认识上有了一定的进步，能够更好地适应跨区域的可视化教学实践与研究。二是在加大团队教师培训的基础上，重点加大对教育欠发达地区教师的技术培训帮扶。南海实验中学先后向新疆伽师二中赠送了教师终端和学生终端等现代化、智能化教学设备，号召全校师生为贫困地区和少数民族地区捐资，用于改善当地的网络条件。三是为了加强跨区域教师面对面的交流，学校派出骨干教师去当地支教，将先进的可视化教学手段手把手、点对点地教给当地的教师与学生。近年来学校先后接待10多批150多位来自结对子学校的教师跟岗学习与交流。

④"指向跨区域中小学语文学业水平提升"的系列化可视化课堂模式的应用与策略。

A. 探索可视化课堂教学模式。

可视化在初中语文教学中具有显著的优势与作用。它将学习从"知识层"逐渐转变为"思维层"，强化学生的思维能力，并帮助学生养成独立思考和自主学习的良好习惯。利用可视化的观点，通过技术的支持，提高课堂教学的质量与效果。如图3所示：

续上表

课前思路
1. 明确目标；
2. 实现目标知识；
3. 发挥可视化技术作用。

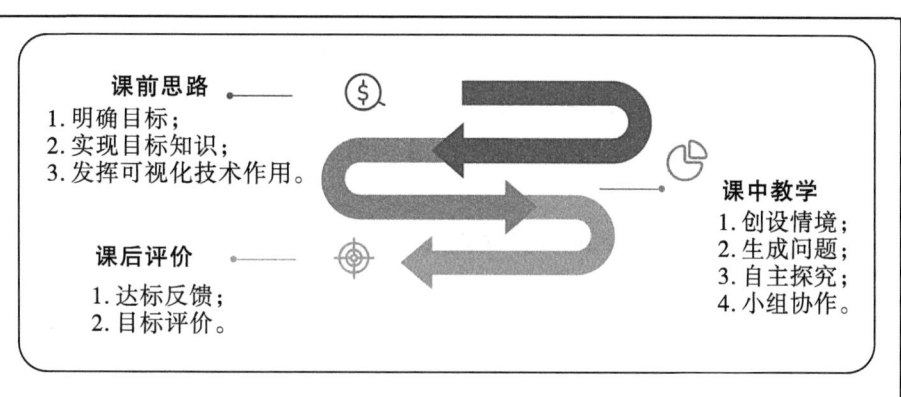

课后评价
1. 达标反馈；
2. 目标评价。

课中教学
1. 创设情境；
2. 生成问题；
3. 自主探究；
4. 小组协作。

图3　初中语文教学中的可视化课堂教学模式

图3反映出在初中语文教学中构建可视化的课堂模式，包括课前思路、课中教学和课后评价三个方面。

课前思路：

a. 明确目标：确定知识和环节目标，根据学生认知能力和学习情况调整。

b. 实现目标知识：通过分析知识结构和学生思维能力，进行阶段性训练，培养学生概括、分析、对比、判断和推理能力。

c. 发挥可视化技术作用：教师要充分利用可视化技术的特点和优势，在教学中发挥其最大化作用，帮助学生强化能力。

课中教学：

a. 创设情境：通过设置情境加强学生情感体验，促进思维能力的发展。

b. 生成问题：设计有思维深度的问题，构建教学发展脉络，引导学生深入思考，提高对文章的理解。

c. 自主探究：学生通过自主阅读、绘制思维导图等方式整理知识，教师观察学生学习状态，预测可能出现的问题。

d. 小组协作：组织小组讨论，利用互动软件展示个人作品，促进小组间沟通，解决问题，形成解决方案。

课后评价：

a. 目的：监控、验证和反馈学生的思维能力和学习情况。

b. 形成班级集体大脑图，教师引导学生归纳和分享经验，回应学生问题，拓展思维方式，提高思维能力。

续上表

c. 教师积极引导学生，实现新知识的引入，促进小学语文阅读效果的提升。

总体而言，构建可视化课堂是初中语文教学的关键基础，旨在培养学生全面思维能力，促进其综合发展。综合运用先进技术，提高学生对语文的兴趣，有助于提升语文课堂的教学质量。

B. 探索可视化课堂模式的应用与策略。

a. 创设学习情境，凸显可视化效用。

结合实际的中学语文教学能够发现，在不同的阶段，语文教学的内容、核心以及目标都是不同的，因此在进行可视化的应用中，教师应当立足学生的发展特征和需要进行教学优化，从而保障学生能够在其中获得相应的学习体验。例如，在初一阶段的阅读教学中，教师在应用可视化教学模式时应当立足此时期学生的发展点，结合学生的发展需要进行教学革新，保障学生能够在其中获得相应的学习体验。如在学习课文时，教师可以为学生创设相应的学习情境，并在此过程中，教师可以结合学生的实际构建思维导图软件，一方面能够帮助学生从中了解和掌握具体的知识体系，另一方面则通过图片在阅读中体会相应词语的表达意思，使教学质量更具保障。

b. 根据学生特点，激发学生阅读积极性。

不同阶段知识可视化教学模式在教学中的效用以及应用模式都是不同的，因此在实际的教学引导中，教师应当立足这一教学特征进行该模式的应用，由此促进学生阅读素养的提升。在进行教学前，教师先要了解学生的实际发展特征，然后再进行教学准备，即结合学生的发展需要尽量设置符合的环节，吸引学生的注意力。并且在教学中，教师可以结合学生的发展特征优化教学模式，保障学生的阅读思维能够紧跟教师的教学步伐，确保学生的掌握实效。接下来教师再引导学生根据教师提供信息，表达自己的思想，此举能够促使学生发挥想象力，对提升学生的创新意识能力也有着积极的作用。

c. 优化课堂模式，培养学生语言想象力。

初中阶段更加注重学生阅读思维以及理解能力、写作能力的培养，因此在实际的教学中，教师应当立足学生的需要进行教学革新，保障学生能够在学习中提升其语文综合素质，继而为后期的发展进步提供助益。例如，在学习名著导读《鲁滨逊漂流记》时，教师可以借助知识可视化教学模式为学生构建独立探究的学习情境，引导学生融入其中，学生在融入后可以"换位感受"：如果你是鲁滨逊你会怎么办？在学生

续上表

探究的过程中教师可以引导学生通过鱼骨图对文本进行分析，借此对文本中的中心句子、优美的语句等进行细心揣摩，在此过程中拓展领悟，反复感受作者表达的思想情感。在这样的学习探究下，学生的想象力能够被充分地调动，阅读教学更具有效性。

3. 保障措施

（1）课题研究的学术保障。

南海实验中学先后承担了省级课题"基于中学生核心素养发展的'幸福1+N'校本课程体系实践研究"和区级课题"基于学生核心素养发展的校本课程体系研究"，具有开展课题研究的丰富经验。本课题组的研究成员由南海实验中学校长挂帅，主要成员是南海实验中学和新疆伽师二中副校长、语文科组长、备课长以及全部具有大学本科以上学历和中学高级、中级职称的语文教师，多人先后承担并圆满完成省、市、区下达的课题研究任务，其论文多次在各级各类评比活动中获奖，并有多篇论文在报刊书籍上发表。课题组还将聘请佛山乃至广东省的语文教育专家担任课题研究的顾问，组建由教育专家、学校领导、教学教研主管和学科带头人、优秀教师组成的科研群体，确保课题得到科学、有序、顺利的实施。

（2）课题研究的措施保障。

通过专家座谈、教师大会、教研组会议、教师自学、校本培训等形式，让课题组成员统一思想，提高认识，精进课题研究能力，提高课程资源开发的主动性和积极性。充分利用现代化教育信息技术，开展南海实验中学与新疆伽师二中跨区域的语文交流和课例共享，组建线上线下联动的教研平台，充分沟通，通力合作。学校制定了严格的课题管理、学习、研讨和激励机制，定期组织现场观摩交流活动和经验分享会，展示优秀的成果和先进的经验，以保证课题研究的顺利进行并完成预期的阶段性目标。

（3）课题研究的物质保障。

学校将设立专项科研经费，为课题的顺利实施提供物质保障。计划投入该课题研究经费5万元。

4. 研究成效

在课题的引领、推动下，学校办学水平、师生素质不断提升。

（1）个人成才繁花似锦。

一是教师的教育技术应用、资源开发、教学设计、可视化教学实施和跨区域协作交流等能力都得到明显提升，一大批教师特别是受援学校的教师专业素养水平提升较快，据统计有近30位青年教师在参加当地各种教学竞赛活动获得市级以上奖励。

续上表

二是对学生的信息素养、自主学习意识、语文学习能力等有较大的改善，促进了学生学业水平的提高。

（2）团队成长屡获殊荣。

活动开展2年多来，累计开展了20多次的跨区域网络教研、视频直播、同课异构和线下互访等活动，无论是对双方参与实验的教师、学生还是整个学校都带来显著的变化。

（3）提升学校品牌效应。

开展跨区域可视化教学对我校和结对学校，甚至一个区域的整体教学水平的提高、教学理念的更新、课堂组织形式的改良、育人方式的转变等方面均有促进作用。特别是新疆伽师二中由原本教学成绩在县级学校内排名较靠后，开展可视化教学后语文学业成绩总体上显著提升。

5. 标志性成果

在课题的引领下，教师个人获各级各类奖节节上升，各种荣誉接踵而来（见表2）。

表2 师生获奖统计

研究成果		
序号	成果类型	数量
1	论文	8
2	专著	1
3	公开课视频	5
4	教学课例	21
5	教学设计	26
6	讲座	6
7	学生作品	6
8	获奖荣誉	49

6. 不足与后续展望

由于多方面因素的影响，本课题在研究过程中存在一定的局限性：根据初中语文的学科性质，要求课堂创设的情境必须具有真实性，但由于课堂教学时间有限，因此，在情境教学中需要教师对图片视频素材进行搜集、剪辑，根据课标要求，打破教材的限制，重组教学内容和知识，进行大单元设计教学，明确单元与单元之间、课与课之间、框题子目之间的联系，在实践教学中增大了教师的工作量和备课压力。另外由于

续上表

受到疫情影响，无法请专家进入校园进行讲座授课，并且课题组成员外出佛山市、广东省学习培训的机会不多，多数是线上学习和市内的学习，学习研究的视野、思维有所限制，效果并不明显。

未来我们还将在深化跨区域各学科教学实践和可视化教学资源的开发、利用等方面不断探索和创新。

（1）开发多元化教学资源：跨区域语文可视化研究将进一步丰富教学资源，包括文字、图片、音频、视频等多种形式，以满足不同学生的需求。

（2）开展个性化教学设计：通过大数据分析等技术，可以根据学生的特点和需求，提供个性化的教学方案，提高教学效果。

（3）开展跨学科、跨学段和跨区域的融合：未来，跨区域语文可视化研究将进一步与其他学科融合，如历史、文化、艺术等，同时还会贯通学段，以提供更全面、更深入的教学内容。

（4）智能化教学：随着人工智能技术的发展，未来跨区域语文可视化研究将更加注重智能化教学，如智能推荐、智能评估等，以进一步提高教学效果。

总之，跨区域语文可视化研究课题具有深远的意义和发展前景，可以为语文教学提供新的思路和方法，促进教育公平和提高教育质量。

7. 参考文献

[1] 何克抗. 建构主义：革新传统教学的理论基础（中）[J]. 电化教育研究，1997（4）：25－27.

[2] 何克抗. 建构主义：革新传统教学的理论基础（下）[J]. 电化教育研究，1998（1）：30－32.

[3] 张晓红，久保田真弓，久保田贤一，等. 应用思维工具过程中教师反思的个案分析[J]. 开放学习研究，2019（4）：10－17，32.

[4] 岑健林，段金菊，余胜泉. 教育信息化核心价值观视域下之"主动"建构学习研究[J]. 中国教育信息化，2013（3）：14－17，47.

[5] 岑健林，何蕴毅，黄颖，等. 可视化学与教方法论[M]. 西安：陕西科学技术出版社，2020.

[6] 李克东. 可视化学习行动研究[J]. 教育信息技术，2016（Z2）：9－17.

[7] 岑健林. "主动"学习模式的研究与憧憬：从信息革命到学习革命[J]. 中国教育文化，2013（18）：21－24.

第七章 「五能教师」校本研修的成果与展望

第七章 "五能教师"校本研修的成果与展望

一、"五能教师"校本研修助推系列成果形成

1. 厘清"五能教师"校本研修的内容

通过探索"五能教师"校本研修模式，进一步在理论上厘清了"五能教师"的培养体系，具体取得了如下几个方面成就。

（1）细化并丰富了"五能教师"的内涵。

①加强教师的品德修为，培养师德高尚的教师。

人无德不立，品德是为人之本。止于至善，是中华民族始终不变的人格追求。习近平总书记在考察北京师范大学时勉励广大师生要做"四有"好老师。"四有"好老师是指有理想信念、有道德情操、有扎实学识、有仁爱之心的老师。在日常的教学实践中，我们要求教师把立德树人融入课堂教学、社会实践教育各环节，做有道德情操的好老师，做学生锤炼品格、学习知识、创新思维、奉献祖国的引路人。

②加强教师的文化沉浸，培养文化素养高的教师。

文化是一个国家、一个民族的灵魂。文化兴国运兴，文化强民族强。没有高度的文化自信，没有文化的繁荣兴盛，就没有中华民族的伟大复兴。中华文化博大精深，源远流长，作为桂城外国语学校的教师，不仅要熟悉本专业知识，还需要了解、掌握其他领域的文化知识，不断陶冶文化情操，拓宽文化视野，积累厚实的知识文化，做先进文化的传播者和忠实继承者。

③加强教师的组织和监控能力，培养带班能力强的教师。

小学阶段年龄跨度大，心理不成熟，还没有养成自我管理的能力。我校要求教师要组织和监控好学生在校的学习和生活，打造学风浓、班风正的优秀班集体。教师要有仁爱之心，关爱每一名学生，关心每一名学生的成长进步，努力成为学生的良师益友，做好学生思想的引路人、行为的引导者，成为学生健康成长的陪伴者。

④加强教师的教学技能，培养教学水平高的教师。

教学是教师的中心工作。教师不仅需要具备过硬的专业知识和学科知识，还要不断改进和提高教学技能，自如地驾驭课堂教学，形成自己的教学

风格和教学模式，获得高效的课堂教学效果。

⑤加强教师的科研素质，培养教科研能力强的教师。

作为学校，教学是中心，教科研是关键。在科研中提升教师的创新能力，提高教师教学水平是一条不可替代的途径。只有搞好教科研，才能进行"教育创新"，才能全面地推进素质教育，推动教育的发展。只有搞好教科研，才能在不断研究、反思中提升教师和团队的专业水平。

（2）完善了"五能教师"的管理体系与激励措施。

①学校领导非常重视创新研修模式，培养"五能教师"，这是全面提升教师队伍素质和提高教学质量的重要途径。

为了实现这一目标，学校将创新研修模式和培养"五能教师"纳入了学校发展规划中，并投入了大量的人力、物力、财力和资源，搭建了项目组织，制订了项目计划和分工，统一管理，分步实施，分工协作，形成了"学校层面—处室层面—年级组（教研组）—教师个人自身研究层面"的四级组织格局，构建了合理有效的培训网络。

在实施过程中，学校采用了目标激励策略，制定了专业发展标准，从师德规范、教育情怀、学科素养、教学能力、研究能力、课程开发能力、班级指导、综合育人、沟通合作等多方面综合评价教师专业发展的成效。根据不同发展阶段的教师专业发展需求，指导每一位教师制定切实可行的发展规划。

为了激发教师的积极性和参与度，学校不拘一格任用教师，赋予其合适的职责和权力，使其为学校发展做出贡献的同时，得到锤炼和成长。为了激励聘任教师，学校行政、科组长、年级组长等中层管理人员中，有55.24%由聘任教师担任。在平台激励策略方面，学校为教龄3年以下教师配备了一对一导师，提供全方位的专业支持。

学校还注重中青年优秀教师的发展，也打造校内名师发展平台，更积极创设条件，做好梯队培育。学校采用荣誉激励策略，通过建立"校龄奖"，颁发学校功励奖章，评选"校园最美教师"等荣誉，肯定教师，增强教师归属感。

通过这些措施和策略的实施，学校成功地提升了教师的专业素质和教学质量。创新研修模式和培养"五能教师"的成功实践也成了学校的重要特色之一。同时，这种培养模式也为学校未来的发展提供了强有力的支持和保障。

②学校重视教师的品德修为和文化素养的培养。

在培养"五能教师"的过程中，学校强调教师的道德情操和文化素养的重要性。通过加强教师的文化沉浸和组织监控能力，培养教师的带班能力。

③学校加强教师的教学技能和科研素质，提高教师的教学水平和教科研能力。

为了进一步推动教师的发展和提升教学质量，学校还积极开展各种教学研究和培训活动。例如：定期组织教师参加各种主题的研讨会、座谈会、讲座等活动，分享教学经验和教育理念；开展教学观摩活动，让教师相互学习和交流；组织教师参加专业培训课程和学术研讨会等，提高教师的专业知识和研究能力。

④学校还注重与外部的交流与合作。

学校积极与教育机构、科研机构、其他学校等开展合作交流活动，共享教育资源，共同开展研究和探索，促进教师的专业成长和发展。通过这些措施的实施，学校的创新研修模式和培养"五能教师"的工作取得了显著的成效。教师的专业素质得到了提升，教学质量不断提高，学生的综合素质和能力也得到了很好的培养和发展。同时，这种培养模式也为学校带来了良好的社会声誉和影响。

⑤随着时代的变化和教育改革的发展，学校认识到需要继续探索和创新培养教师的模式和方法。

未来，学校将继续加强对创新研修模式和培养"五能教师"工作的投入和重视程度，不断探索新的培养策略和方法，提高教师的专业素质和能力水平。同时，学校也将不断适应教育改革的需求和变化，积极探索新的教育理念和教育模式，为学生的全面发展提供更好的支持和保障。

(3) 探索了"五能教师"培育的制度机制。

我校非常重视教师教学业务水平的提高，建立了教师培训学习制度、系列规范制度，有效保障教师的专业发展。以下是学校在教师培训和学习方面的一些具体做法。

①制定个人发展与保障机制。

学校注重落实青年教师校本培训，通过岗前培训、青年教师专题沙龙、讲座等方式，让青年教师尽快了解学校文化、规章制度等，以便更好地适应学校的工作和生活环境。同时，学校还推动全体教师进阶培养，完善人才培养批次，实施"五星"教师评比，制定绩效方案，通过行政会议、教师代表大会等会议，保证经费待遇。此外，学校还注重教师的职业规划和发展，为教师制订个人发展计划，提供职业发展指导，帮助教师实现自我价值的最大化。在保障机制方面，学校建立健全了一系列规范制度，如《教师职业道德规范》《教师工作考核评价制度》等，有效保障教师的专业发展。

②制定教师发展与保障机制。

学校注重提升教师的"双师型"素质，通过校内教师优质课评比、班主任能力大赛等平台，以及单位外派学习，切实提升教师的理论和实践能力，推进教师在专业发展上不断突破自我。此外，学校还注重教师的科研能力培养，鼓励教师参与科研项目和课题研究，提高教师的学术水平和研究能力。学校建立科研奖励机制，对在科研工作中做出突出贡献的教师给予表彰和奖励，激发教师参与科研的热情和积极性。

③建立团队合作和交流机制。

学校注重建立团队合作和交流机制，促进教师之间的合作与交流，实现资源共享和共同进步。学校组织开展各类教研活动和项目合作，让教师相互学习和交流，分享教学经验和教育理念。学校还鼓励教师参加各种学术会议和研讨会，拓宽教师的视野和思路，提升教师的专业水平。

④搭建教师专业成长平台。

学校注重搭建教师专业成长平台，为教师提供良好的工作环境和资源支持。学校建立完善的教学设施和实验平台，为教师提供先进的教学设备和实验仪器，提高教师的教学质量和效果。学校还鼓励教师参加各类培训课程和学术研讨会，提高教师的专业知识和研究能力。

⑤注重教师职业道德建设。

学校注重教师职业道德建设，加强教师的师德教育和实践锻炼。学校建立健全师德教育机制，通过开展各种形式的师德教育活动，让教师了解师德的重要性，提高教师的职业素养和道德水平。学校还鼓励教师参加社会公益活动和志愿服务，让教师通过实践锻炼增强社会责任感和服务意识。

总之，学校在教师培训和学习方面建立了完善的制度和规范体系，注重落实青年教师培训计划、搭建教师专业成长平台、建立团队合作和交流机制、注重教师职业道德建设等方面的工作。通过这些措施的实施，学校有效保障了教师的专业发展，提高了教师的教学业务水平，为培养高素质人才奠定了坚实的基础。同时，学校也将继续探索和创新培养教师的模式和方法，以适应不断变化的教育需求和社会发展需要。

2. 构建"乐美课堂""善美德育"课堂模式

通过"五能教师"校本研修模式的建立，我校培养了一批教师骨干，并将校本研究的成果积极地落实到课堂实践中去，形成了以"乐美课堂""善美德育"为代表的一系列教学成果。

（1）"乐美课堂"教学成果（见图7-1）。

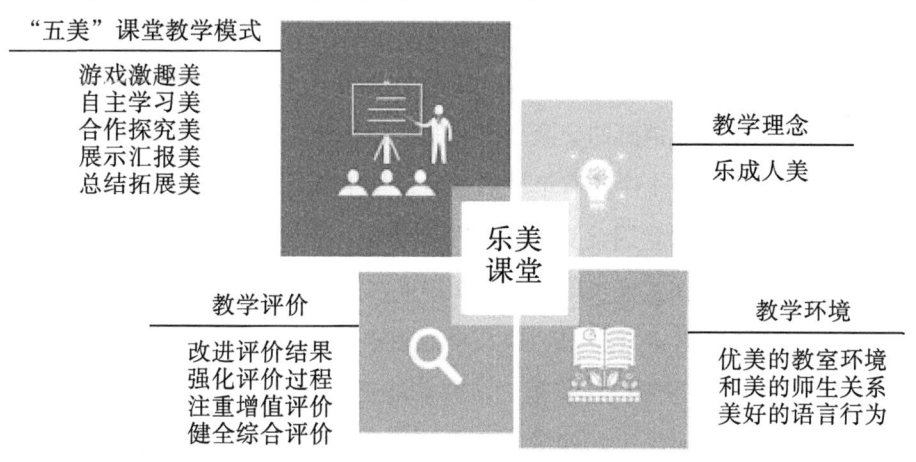

图7-1 "乐美课堂"构建结构示意图

乐美课堂的教学理念为：乐成人美。从积极心理学的角度来说，快乐、愉悦的情绪是有利于人的美好体验的。因此，乐美课堂是快乐的、有趣的、美好的。我们的教师通过自己的"教"来帮助学生获得成长，我们的学生通过自己的"学"来促进教师的反思和提升。教师和学生之间通过"教"与"学"相互成就；学生乐于帮助他人，通过与同学之间的交流合作一起成长。每个人在成就他人的同时也成就自己，在共同进步中感受课堂的美好。

乐美课堂的教学目标是让学习回归教育的本质。转化教学方式，注重落实"双主体"地位，既注重教师的"教"，发挥教师的主导作用；也注重学生的"学"，在充分的自主、合作、探究中，每个学生都能参与到课堂学习中来。构建起"游戏激趣美—自主学习美—合作探究美—展示汇报美—总结拓展美"的"乐美"课堂教学模式。优化课堂评价，注重增值性评价，让师生能够在一点一滴的进步中感受到学习的美好。让学生的成长和教师的发展和谐统一、相互促进，师生都能收获成长的喜悦。在具体的教学措施方面则主要包括了如下几个方面成就：

①营造快乐美好的课堂氛围。

首先，有优美的教室环境。除了干净整洁外，在每个教室里养一些植物，既可以净化教室的空气，美化教室的环境，还可以培养学生的责任心和劳动能力，让学生感受到生命的美好。其次，有和美的师生关系。"亲其师，信其道"，学生只有在亲近、尊敬自己的老师时，才会愿意相信、学习老师所传授的知识和道理。因此，课堂的快乐和美好，不仅仅在于知识的传递、思维的碰撞，更在于情感的交流。我们的教师眼中看得见一个个各有特点的学生、心中装得下一个个各有个性的学生，学生尊重和信任教师，师生之间的这种情感交流让课堂因此更加地快乐和美好。最后，有美好的语言行为。教师和学生除了要注重仪表美外，更要注重言行美。我们建立"乐美课堂行为规范"，从教师语言（板书、口头语、忌语、鼓励语等）、体态、仪表等方面对教师的课堂行为进行规范，从课前准备、敬礼、坐姿、站姿、发言、朗读、写字等方面对学生的课堂行为进行规范，建立起"形象美、姿态美、声音美、表达美、书写美"的"五美"课堂行为规范。

②构建"五美"课堂教学模式。

"教有方法,教无定法。"课堂教学模式既能保证学校教育思想的落实,体现学校的办学特色,还能保证基本的课堂教学质量。乐美课堂构建起"游戏激趣美—自主学习美—合作探究美—展示汇报美—总结拓展美"的"五美"课堂教学模式。

A. 游戏激趣美:斯宾塞认为,孩子在快乐时,学习任何东西都比较容易;相反,在情绪低落、精神紧张的状态下,他的信心会减弱,这时即使一个伟大的教育家也不会有任何办法。我们认为,游戏是让孩子感到快乐的很好方式。教师们善于采用游戏教学法,设计一些适合学生年龄特点的小游戏,以此激发学生的学习兴趣,让学生能够积极主动地参与到学习中来,感受学习的快乐和美好。

B. 自主学习美:自主学习是一种建立在学习兴趣激发基础之上的自发行为。先行独立学习是学生实现自主学习的起点。一些教师根据学生预学的需要,开发前置性学习材料以支持学生的先行独立学习。通过前置性学习,学生了解了将要学习的内容,提出对学习内容的疑问;教师搜集整理学生的疑难问题,基于学生的问题展开教学。教师的"教"为学生的"学"服务,学生在解决疑难的过程中,感受教的精准。这样的学习既推动了学生学习的热情和自主学习的能力,又让教师清晰把脉学生学情,提升专业水准,可谓教学相长。

C. 合作探究美:小组合作学习更能突出学生的主体地位,培养主动参与的意识,让每一个学生都参与到学习中来。教师从教学的重点、难点、易错点中抓住最关键的知识点设疑,引导学生思考,组织小组和全班进行探究交流。教师要明确学习目标和学习任务,安排好充分的合作学习的时间和空间,明确各小组的成员构成,角色分工,训练角色技能,建立评价与激励机制。通过合作学习单及独立学习单的联动使用,形成具有各自特色的操作策略,使学生从被动学习转向能动学习,从个体学习转向协同学习,从表层学习转向深度学习,以更好地发挥学生的学习自主性,提高学习效率。

D. 展示汇报美:这个环节是展示学生小组合作探究学习的成果,要求发言学生自信、大胆、有理有据地进行表达，让学生的思维路径可以"看得见"。这不仅需要通过"你为什么要这样做？""你是怎么想到的？"等问题使学生学习的内在心理运演过程外化与显化，还要让外在的操作活动结构化与可视化，如借助思维导图等，以此准确把握学生思维的难点和差异点，因势利导，让思维走向深刻。展示汇报的要义在于清晰呈现学习成果的形成过程，让完成解答而没有清晰意识到的学生通过反思形成清晰的意识，让中途卡壳而没有完成的学生知道别人是怎么想出来的，从而从中受到思维策略的启发，积累活动经验，进而学会学习、学会思考，促进学生思维的发展。

E. 总结拓展美：这个环节非常重要。首先，通过这个过程让学生将所学的知识纳入已有的知识体系，便于学生建构合理的学科结构；其次，促进学生情感、态度、价值观的升华，水到渠成，顺其自然，不牵强附会；最后，总结反思要针对性强，必须针对学生特点和内容特点，因人而异，具有鲜明的针对性。在此基础上，各个学科还可以根据各自学科的特点来构建各具特色的课堂教学模式，尽可能体现"各美其美"。

③优化"乐美课堂"评价。

教育信息化代表了未来教育的发展与改革方向，我们非常重视教育信息化在突破时空限制、促进教育公平方面的作用和地位，加强信息技术与教育教学的深度融合，促进优质数字教育资源的开发和共建共享。各科组跟信息科组紧密合作，大力发展网络信息辅助教学，各科不断完善学习教学资源库。同时，根据中共中央、国务院印发的《深化新时代教育评价改革总体方案》要求，充分利用信息技术，不断优化课堂评价方式，改进结果评价，强化过程评价，注重增值评价，健全综合评价，提高课堂评价的科学性、专业性、客观性（见表7-1）。课堂改革成果显现，范子为同学在"中国少年说"全国英语演讲比赛中荣获一等奖，多名学生在2021年南海区五年级数学核心素养抽样检测中荣获一、二等奖；多名学生在桂城街道第八届青少年信息学竞赛中荣获一、二、三等奖。

表 7-1　南海实验中学桂外校区"乐美课堂"评价示意表

一级指标	二级指标	三级指标	得分
教什么？ （25分）	教学目标 （10分）	1. 目标明确、恰当、可操作，表述科学； 2. 符合学情，关注学生心理特点及认知水平，切合学生需要； 3. 学科特点鲜明，注重学生学科素养的培养； 4. 注重知识与技能、过程与方法、情感态度价值观的有机整合，注重学生思维的培养。	
	教学内容 （15分）	5. 教学内容紧扣教学目标，科学合理，主次分明； 6. 教学重点难点突出，内容适量，难易适度； 7. 问题设计有探究意义，思维训练有阶梯性，练习检测有层次性； 8. 教学内容贴近学生生活、社会生活，资源拓展合理，容量恰当。	
怎么教？ （45分）	教师素养 （10分）	9. 教师形象仪态美，使用普通话，语音标准，语言规范、生动、精练、清晰、准确； 10. 具有一定的教学智慧，能正确处理好课堂中预设与教学生成； 11. 对学生的回答能及时、恰当评价，评价语言有激励和启发性，注重表现性和增值性评价； 12. 具备扎实的教学基本功，学科素养扎实，透彻理解专业知识和教育理论； 13. 有效组织课堂教学，对突发情况处理及时、恰当。	
	教学过程 （15分）	14. 能按教学模式推进教学环节，过程流畅； 15. 教学思路清晰，主次分明，重点突出； 16. 以学生为主体，学生合作探究，汇报展示的时间充分； 17. 注重生生互动、师生互动，在互动中生成学习规律与学习方法。	

续上表

一级指标	二级指标	三级指标	得分
怎么教？ （45分）	教学方法 （15分）	18. 关注学生的兴趣点和思维训练点，善于运用游戏教学法； 19. 注重培养学生良好的学习习惯，重视教给学生学习方法，结合社会实际、学生生活、学生已有的经验知识进行教学； 20. 传统与现代结合，多媒体、课本与板书有效运用，合理、有效运用合作与探究的学习方式。	
	作业设置 （5分）	21. 作业布置科学合理，份量适查。	
怎样学？ （30分）	学习情感 （10分）	22. 学生精力充沛，注意力集中，学习兴趣浓厚，积极主动参与各项学习活动，参与度高； 23. 敢于表达和质疑，积极参与思考讨论，善于和同学合作交流。	
	学习习惯 （10分）	24. 回答问题站姿正确，态度自然大方，声音响亮，表达流畅； 25. 注意倾听别人发言，并能对别人的发言做出评价； 26. 书写、阅读姿势正确，书写规范，书面整洁，字体工整； 27. 注重课前预习，做好学习用具的准备。	
	学习效果 （10分）	28. 学生参与面广，每个学生均有不同程度的收获； 29. 学生的学科素养、学习习惯、思维品质有一定的提升； 30. 构建和美的师生关系，学生快乐学习、快乐分享，共同成长。	
总　分			

评定等级：优（80~100分），良（70~79分），及格（60~69分），不及格（60分以下）。

④改善"乐美课堂"管理。

课堂管理模式主要采取了如下几方面举措。一是制定课堂改革方案，保证课程实施效果。课堂是课程实施的主阵地，为保证国家课程的开足、开齐、开好以及活动课程的有序开展，我校制定了《南海实验中学桂外校区课堂改革方案》，以加强课堂的教学管理，提高课堂的教学效果。二是加强教学过程管理，促进教学工作规范。严格落实教学常规中的"六认真"，各学科进一步完善和规范教师备课（特别是加大集体备课的教研力度）、作业布置与批改的要求与工作流程。三是强化教学常规管理，全面提升教学质量。加强对教师课堂教学质量的监控，下级行政、科组长、备课组长坚持"推门听课"制度，听课前不打招呼，听后及时与执教教师进行交流；各年级不定期召开学生座谈会及评教活动，了解各学科、各班教师教育教学情况，并及时反馈给相关教师。四是加强学生作业管理，全面落实"双减"政策。一、二年级不布置家庭作业，三到六年级每天各科 20 分钟的作业量，继续倡导所有年级"周末零作业"的理念，实行减负增效措施，精选作业、效益优先。提倡分层布置作业，满足不同层次学生的需要。作业批改提倡教师"面批精批"，提倡教师用激励性语言对学生作业或作品进行评价，保证学生学习的轻负担和高质量。

（2）"善美德育"教学成果（见图 7-2）。

善美德育

德育理念：至善至美
德育目标：为学生的美好未来赋能

A 融合"三全"德育，营造美好之场
全员育人/全程育人/全方位育人

B 构建课程体系，铺设美好之路（红领巾走世界）
知识普及驿站/家庭体验驿站/专题研讨驿站/成果交流驿站

C 开展多彩活动，激发美好之情
运动/生命/活力/实践/个性/多彩

D 创新考核制度开展评选活动
创新评价机制，深扎美好之根

图 7-2 "善美德育"教学成果示意图

善美德育的理念为"至善至美"。善美德育的核心指向是培养学生的"美好力"，家国情怀和国际视野，我们希望通过我们的善美德育，培养学生对美好的感知力、理解力、创造力和传递力，让学生拥有感知美好的意识、理解美好的思维、创造美好的能力、传递美好的人格，成为具有家国情怀和国际视野的美好之人。

在具体的课堂建设目标上，融合"三全"德育，营造美好之场；构建课程体系，铺设美好之路；开展多彩活动，激发美好之情；创新评价机制，深扎美好之根。让学生养成良好的行为习惯，讲文明、懂礼貌，有良好的人际关系，品行端正，阳光向上；为学生的美好未来赋能，形成特色鲜明的美好校园风气。

在具体的教学措施方面则主要包括了如下几方面：

①融合"三全"德育，营造美好之场。

元朝学者吴澄说过："学必以德性为本"。清末康有为也提出"以德育为先"的口号。新课程标准把德育放在十分重要的地位。我们的教师不仅要教给学生知识，培养学生技能，更要在教育教学过程中渗透德育，帮助学生养成良好的习惯，学会做人，学会做事。《中小学德育工作指南》指出，要努力形成全员育人、全程育人、全方位育人的德育工作格局。我校的善美德育就是积极融合全员育人、全程育人、全方位育人，把德育渗透到教育教学工作的方方面面，为学生营造一个美好的教育磁场，让学生时时处处都能受到美的熏陶。如我校三年级数学教师，在学生学过简单的数据整理后，让其回家调查自己家庭每天使用垃圾袋的数量，然后通过计算一个家庭一个星期、一个月、一年使用垃圾袋的数量，结合垃圾袋对环境造成的影响，让学生们既可以掌握有关数学知识，又对他们进行了环保教育。又如，语文教师在教学《论语》一则时，将文言文的学习与学生的实际生活紧密结合，启发队员在朗读中了解古文内容，在朗读中感悟文中道理，使队员感受到祖国悠久文化的伟大，懂得应该虚心向别人学习，学习他人的优点，改掉自己的不足。再如，综合实践课上，教师与学生开展"乒乓球研究"的综合实践活动。限时颠球赛、夹乒乓球赛、托球竞赛、班级乒乓球比赛等系列游戏，培养了学生的组织规划能力、团队合作能力。教师在教学过程中，采取灵活多样的方式，潜移默化地对队员进行道德教育，为学生的美好生活奠基。

②构建课程体系，铺设美好之路。

德育课程是实现善美德育理念的载体，为培养学生的美好力，我们构建起善美德育的课程体系，为学生铺设美好之路。

为培养学生的家国情怀和国际视野，我们大力打造"红领巾走世界"德育特色课程，让学生领略祖国之美和世界之美。

③开展多彩活动，激发美好之情。

一是大课间活动展现运动之美。开展大课间活动是为了让学生健康全面地发展，激发学生主动锻炼的意识，培养学生的规则意识、竞争意识、合作意识。围绕德育目标，由教师和学生一起设计各种丰富多彩的活动，分低、中、高三个级组开展班级活动，优化大课间活动形式（见图7-3）。各级组活动项目都会根据实践过程中发现的问题，进行不同程度的调整。所有活动都以班级为单位，组队参赛，活动既有一定的技巧，又考验合作能力。将丰富多彩的活动与竞赛融合进大课间活动，并且定期更换，常学常新，有效激发了学生学习的主体性。

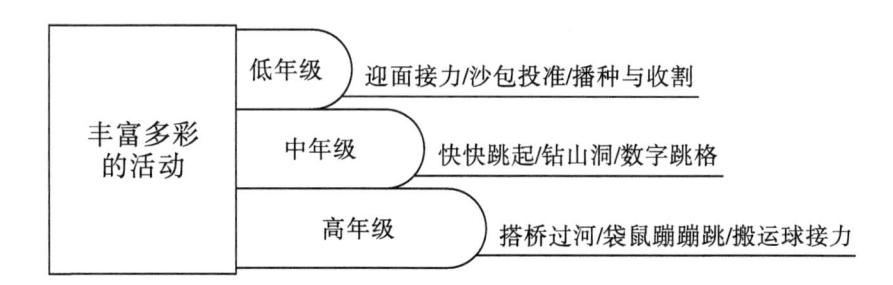

丰富多彩的活动：
- 低年级：迎面接力/沙包投准/播种与收割
- 中年级：快快跳起/钻山洞/数字跳格
- 高年级：搭桥过河/袋鼠蹦蹦跳/搬运球接力

图7-3 活动形式示意图

二是心理健康教育展现生命之美。我校充分利用日常教育教学主渠道，开展好学校心理健康教育。通过课堂渗透以及教师与学生沟通、交往等，将每天午间休息时、晚修前等时间转化为心理健康教育的有利时机，将心理健康教育真正落在实处。两位心理健康教师主持心理咨询室的日常开放工作，建有完善的学生心理健康记录档案，对相关个案都做好各项记录，并且继续按年级分层次备好心理健康教育课，保证学生身心健康地成长。

三是少先队活动展现活力之美。少先队活动是以理想信念教育为根本，以中国梦和社会主义核心价值观教育为主线，在实施活动时充分尊重队员主体地位，遵循队员的年龄特点。我们采用队员易于接受的方式，组织开展丰富多彩的实践性、体验性活动，努力增强少先队活动的吸引力和实效性，提升队员的活力。我校少先队大队部被评为"广东省教育厅少先队广东省工作委员会2019—2020广东省优秀红旗大队"，邱媛媛老师获得佛山市教育局和少先队佛山市工作委员会联合颁发的"2019—2020年度佛山市少先队优秀辅导员"称号。

四是综合实践活动展现实践之美。综合实践活动依托学校、社会、家庭"三位一体"的网络，让学生把所学的知识运用于实践生活，感受"知行合一"的美好。

五是社团活动展现个性之美。善美德育要尊重学生的个体差异性，培养学生的兴趣、爱好和特长，让学生的个性能够得到自由充分的发展。我校坚持面向全体学生，本着"参加一个社团，培养一种兴趣，学会一门知识，练就一项技能，体会一种成功，享受一份美好"的"六个一"原则，采用"走班制"的方式，开设了体育类、艺术类、语言类、科技类等几十种社团活动，让学生能够按照自己的兴趣、爱好和特长，自主选择参加感兴趣的社团，实现各美其美。我校学生的个性发展成果丰硕，连续五年参加省、市级机器人竞赛，多名学生获一、二、三等奖共23项，创客机器人专业队参加桂城街道第一届少年创客节，勇夺7个特等奖，而且包揽多项比赛的前三名，学生多次参加市、区级科技比赛，成绩名列前茅；多名学生参加佛山市第十一届"小小科学家"中小学生科学实验比赛，荣获一、二、三等奖；颜筱庭参加佛山市艺术展演绘画大赛，获一等奖；篮球队参加佛山市中小学篮球赛获得第三名；舞蹈队获得了广东省的银奖，并多次获得南海区的金奖；多名学生参加"詹天佑杯"青少年科技创新大赛，科幻绘画荣获二等奖；何健睿参加桂城街道第十一届"梦翔杯"主持人才艺展演中小学组评选活动，荣获一等奖；多名学生参加桂城街道艺术展演作品评比，荣获一、二等奖；多名学生在2020—2021学年桂城街道"科学户外观察+工程与实践"活动评比中荣获二、三等奖；李奕萱、曾睿琳、郭沛洋、黄依渲等学生被评为南海区"新时代好少年"。

六是主题教育活动展现多彩之美。根据善美德育目的，我校确定每月活动主题，制定一学年的主题教育活动体系，以班会、队会、晨会等时间，组织各项主题活动，以培养学生的各种美德，促进学生的全面发展。

3. 教师成长实践成果

自 2014 年本项目研究开始，在特色项目的引领、推动下，学校办学水平、师生素质不断提升，各级各类获奖节节攀升，各种荣誉接踵而来（见表 7-2）。

表 7-2 教师成长实践成果

单位：项

学年	起始时间	集体奖	教师奖	学生奖	总数
2016—2017	2016 年 9 月—2017 年 7 月	32	165	655	852
2017—2018	2017 年 9 月—2018 年 7 月	18	149	684	851
2018—2019	2018 年 9 月—2019 年 7 月	37	165	580	782
2019—2020	2019 年 9 月—2020 年 7 月	4	176	362	542
2020—2021	2020 年 9 月—2021 年 8 月	13	208	374	595

（1）研究成效。

打造了一支高素质的项目教师团队：在项目实施过程中，我校探索出"五能教师"队伍建设的培养体系和培训模式。一批批教师迅速成长，从项目实践之初只有 7 位街道级名师，到现在拥有市、区、街道骨干教师 21 人。不少年轻教师和新加入的教师都实现了三年出彩、五年成骨干的梦想，在各项比赛中屡获殊荣，全面开花。如：关健安老师获得佛山市十大教学能手和广东省说课一等奖，赵岱老师获评佛山市青年教师十大教学能手，许智瑛、杜婉媚老师获佛山市教师技能大赛一等奖，郭林老师获评南海区学科十大教学能手，叶小兰、孔令灿老师获南海区学科技能比赛一等奖，梁志咏老师获评南海区优质课比赛一等奖，李咏茵老师获南海区班主任能力大赛一等奖，黄越等一批老师获评南海区优秀教师……

(2) 研究亮点。

第一，创新教师研修新模式：创新性的五大教师工程及模式，改变了以往单一的教师培训方式，分层次、有针对性、有目标地进行教师研修培训，涵盖了学校的青年教师、骨干教师、小学科教师、全体教师的培养，以及教师第二专业发展等方面全面提升教师的教科研水平。第二，完善激励机制：本项目制定的"五星"教师评价方案，改变了之前单一的、僵化的评价方式，全方位对教师的师德、岗位职责、教学、教科研等进行自主评价，与学校的绩效方案相辅相成，互相补充，并与教师的待遇挂钩，激励教师，内化动力。

(3) 部分研究成果。

我校教师相关研究课题结题成果硕果累累，其中专项课题1个，德育课题1个，语文课题5个，数学课题10个，英语课题3个，美术课题1个，信息课题1个，心理健康课题1个。

相关论文发表10篇，分别发表在《陕西教育》《师道》《明日》等刊物。

教师所撰写的论文获广东省奖项4项，佛山市奖项35项。

课例和教学设计获广东省奖项4项，佛山市奖项12项。

(4) 后续研究方向。

继续增强团队带头人及骨干教师的实践能力，建设一支适应专业改革和发展需要的"双师型"队伍是我们继续前行的方向和目标。一是继续优化星级教师评价方案。在评价方案实施的过程中，我们发现在教育科研的评价中，出现了重复评价的维度，不利于对教师的考核，在后续的研究中，我们将会再细化维度，继续完善和构建合理的评价体系。二是继续打造精品课程，加大课程建设步伐。精品课程的建设，既是一个一流师资队伍的形成过程，也是一个优秀教学团队构建的过程，后续我们将进行老课程升级，冲刺更精品的课程。在校园内营造"人人都上精品课，节节都是精品课"的精品意识，与此同时加大技能课比重，注重技能课质量，改革技能课教学方法和手段，鼓励教师充分实践。三是确保教学团队的可持续发展能力。教师教学水平的提高，不仅包括教学技能的提升，同时也包括其科研能力的提升，教学能力和科研能力是高水平教师队伍的综合表征，一个具备可持续发展能力的高水平教学团队必须具有高水平的科研能力做支撑，否则其生命力不可长久，因此这也是我们未来需要研究的方向。

4. 培养出一批具有创新精神和实践能力的学生

学校为学生提供各种学习机会，包括实践项目、研究机会、竞赛，鼓励学生参与团队项目，培养他们的合作和沟通能力。打造一个鼓励创新和实践的学习环境。提供创客空间，让学生有机会实践和实验自己的创意和想法。

鼓励和指导学生参加各级各类比赛，其中，获国际奖项 13 人次，国家级奖项 22 人次，省级奖项 18 人，佛山市奖项 21 人。

教师的提升，最大的得益便是学生。通过几年的实践，学生的综合能力、综合素质显著提升，可持续发展能力强，在各级各类获奖成绩斐然，成为多所初中名校青睐的对象，并在中考、高考中独占鳌头，连续几年的中考屏蔽生、高考状元均有我校的毕业生。

这些成就离不开学校的优质教育资源和师资力量，学校和教师可以培养出具有创新精神和实践能力的学生。这些学生将具备解决问题的能力、创造新知识的能力以及实践和应用知识的能力，为未来的挑战做好准备。

5. 学校的竞争力及影响力逐节攀升

（1）学校的竞争力得到了提升，树立了学校的特色品牌。

我校立足特色项目实践，以项目促提升，以项目强品牌。2018 年获得南海区特色品牌学校创建财政资金二等奖，成为南海区"特色品牌学校培育单位"；2020 年获得佛山市教育教学成果二等奖。特色项目创建的经验多次在街道、区的学校特色品牌创建会议上介绍、推广。央视频道、佛山电视台、南方+、《广东教育》、《学校品牌管理》、南方日报等媒体杂志都曾对我校特色项目进行报道。

（2）外扩辐射，形成一定的影响力。

随着本项目的推进与实施，我校师资培训的模式成效显著并发挥示范、引领、辐射作用。2017 年 4 月，我校承办了佛山教育局主办的高效课堂展示，获得了与会教师、领导的高度评价。近年，语文、数学、科学、音乐、美术五个教研组被评为街道示范教研组，数学科组被评为南海区和佛山市示范教研组。我校的"GROW"教学模式获得了南海区教育教学成果二等奖。关健安、孔令灿、梁结梅等学科名师多次受邀到市内外兄弟学校送课、送讲座、介绍经验。经过学校培养，一批批考取公编的教师走上桂城公办学校的新岗位，迅速成为该校的骨干教师、行政领导，为街道输送了优秀人才。云浮市教育局、延安马家砭学校、香港深水埔街坊福利会小学、新加坡星烁小学等境内外的学校同仁，纷纷前来取经、交流。

二、"五能教师"校本研修存在的不足

1. 教师校本研修缺乏内驱力

建立以校为本的教师培养机制，开展教师校本研修是为了加强教师专业自主发展意识，促使教师自定目标、自加压力、自我进取，提高学校教师队伍的整体素质。教师参与校本研修的主观能动性需要环境契机的激发，但很多教师长期在信息封闭的环境中"坐井观天"，很难及时意识到自身在教育思维和教学技能上的落后，进而导致缺乏成长性思维，很少对自身职业发展路径进行明确规划；特别是由于民转公后，学校的奖励力度有所减少，但工作压力不减，付出与回报的严重失调以及职业压力也使他们产生情绪枯竭。以上状况容易导致教师失去发展的内在动力，因此有可能以应付的态度对待学校布置的校本研修任务。

2. 校本研修亟待盘活内外部资源

校本研修需要实现教科、研修、德育三者的联合互通，这就要求校本研修项目需要内外部多方资源的联合。但实际操作中，利用好内外资源来实现教科、研修、德育三者联合共通是本研修的难点之处。如课题研究与校本研修相结合，如何既能解决研修中"主题缺失"的问题，又能克服课题研究"过程缺失"的难题。

三、持续深化"五能教师"校本培训体系

1. 深化"五能评价",改革研修评价机制

(1) 评价内容。

我校为正确地综合评价教师,促进教师不断提高职业道德、敬业精神、教学能力等综合素质,引导广大教师积极进取,对教师工作的各个环节进行系统的、全面的、较长时间的、循环往复的评价。评价内容包括四大板块:师德、岗位职责、教学常规和教育科研。

(2) 评价方式。

每学年期末个人自愿申报,学校挑选科级组长、教代会成员和普通教师组成考核小组进行材料审核,进行评定。

(3) 激励措施。

"五能教师"分为五个等级,根据不同的等级,享受相对应的待遇。其中,最高等级的学科带头人,除了进行资料审核之外,还需要进行认证答辩,答辩小组由专家、学校领导组成,答辩内容分德育和教学两类,答辩成功,享受正编教师待遇,同时组建学校的名师工作室,在专业化成长上具有更大的平台。

2. 深化分层分级,完善"四级"培训模式

在"五能教师"校本培训体系中,"四级"培训模式是一种重要的培训方式,旨在根据教师的发展阶段和需求,分层分类地开展培训,提高教师的专业水平和教育教学能力。

(1) 精准了解教师培训需求。

在制订培训计划之前,学校可以通过问卷调查、个别访谈等方式,全面了解教师的实际需求和发展阶段,从而制订更加具有针对性的培训计划。同时,可以定期对教师的需求进行调查和分析,及时了解教师的变化和需求,对培训计划进行调整和改进。在完善"四级"培训模式的过程中,精准了解教师的培训需求是至关重要的一步。具体有如下几方面改进措施:

①进行有效的培训需求分析。

在进行"四级"培训之前，需要对教师的培训需求进行深入的分析。这个过程需要包括以下几个方面。A. 教师的教育教学背景分析：了解教师的学历、专业、教龄、所教学科等信息，从而掌握他们的教育教学背景和基本情况，为后续的培训提供基础数据。B. 教师的教育教学能力分析：通过听课、观察、评估等方式，了解教师的教学能力和水平，包括教学目标、教学方法、课堂管理、评价与反馈等方面。C. 教师的培训需求分析：通过问卷调查、个别访谈、教学研讨等方式，全面了解教师对培训的需求和期望，包括培训内容、培训形式、培训时间、培训地点等方面。

②开展全面的培训需求调查。

为了更加深入地了解教师的培训需求，可以进行一些调查活动，以下是几种常用的调查方法。A. 问卷调查：通过设计针对教师培训需求的问卷，让教师根据自己的情况和需求进行填写，从而获取大量的数据和信息。问卷调查可以覆盖所有的教师，提供全面的数据和信息。B. 个别访谈：通过对一些教师进行个别访谈，深入了解他们的培训需求和期望。通过访谈可以获得一些个性化的信息和建议，为后续的培训提供更加精准的目标和内容。C. 教学研讨：通过组织一些教学研讨活动，让教师根据自己的经验和观点进行交流和讨论，从而了解教师的培训需求和教育教学情况。在研讨过程中，可以邀请一些专家和领导参与，提供专业的指导和建议。

③进行广泛的培训需求确定。

通过对教师培训需求的分析和调查，可以确定具体的培训目标和内容。以下是确定培训需求的一些关键点。A. 针对问题确定培训内容：通过对教师的教育教学背景和能力进行分析，可以发现一些存在的问题和不足之处，针对这些问题和不足之处，确定具体的培训内容。例如，针对教学方法单一的教师，可以提供一些新的教学方法和策略的培训；针对课堂管理薄弱的教师，可以提供一些课堂管理的技巧和方法；等等。B. 针对需求确定培训形式：根据教师的个性化需求和期望，确定具体的培训形式。例如，对于需要提高教学能力的教师，可以提供一些教学案例分析和研讨活动；对于需要提高评价能力的教师，可以提供一些评价方法和技巧的培训；等等。C. 针对目标确定培训时间：根据教师的实际情况和学校的工作安排，确定具体的培训时间和地点。例如，可以将培训安排在寒暑假或周末等时间段，以便教师有足够的时间参与培训活动；同时也要考虑学校资源的利用和安排，确保培训的顺利进行。D. 针对效果确定培训评价：为了确保"四级"培训的效果和质量，需要对培训进行评价和反馈。可以通过问卷调查、个别访谈、教学观摩等方式，了解教师对培训的评价和建议，从而对后续的培训进行改进和优化。

（2）丰富培训形式和内容。

除了传统的讲座、研讨会等形式，还可以引入更加多样化的培训形式和内容，例如工作坊、案例分析、实践操作等。通过多样化的培训形式和内容，可以更好地吸引教师的参与和兴趣，增强培训效果。同时，可以根据教师的实际需求和特点，灵活地选择不同的培训形式和内容，更好地满足教师的需求。在"四级"培训模式中，丰富培训形式和内容是增强培训效果和提高培训质量的关键。

①培训形式多样化。

为了满足不同教师的培训需求，需要提供多样化的培训形式。以下是几种常用的培训形式。A. 讲座式培训：通过邀请专家或经验丰富的教师进行讲座，向教师传递新理念、新方法、新技术等知识。讲座式培训可以覆盖多个学科和领域，提供全面的培训内容。B. 工作坊式培训：通过组织教师参加一些工作坊活动，让教师在实践中学习和掌握教学技能和方法。工作坊式培训可以提供一些实际操作的机会，促进教师对知识的理解和应用。C. 研讨会式培训：通过组织教师参加一些研讨会，让教师就某些问题进行深入的探讨和交流，从而掌握解决问题的方法和策略。研讨会式培训可以提供一些思考和交流的机会，促进教师的专业成长和发展。D. 案例分析式培训：通过选取一些典型的教学案例，让教师进行分析和讨论，从而发现其中的问题和不足之处，并制定改进措施。案例分析式培训可以提供一些实践经验和思路，帮助教师解决实际问题。E. 实践操作式培训：通过让教师进行实践操作，如实验、演示、练习等，让教师掌握一些实际操作技能和方法。实践操作式培训可以提供一些实践机会，促进教师的动手能力和实践能力。通过以上几种培训形式的结合，可以提供更加全面、多样化、实用的培训内容，满足不同教师的需求和期望。

②培训内容丰富化。

除了多样化的培训形式，丰富培训内容也是增强培训效果和提高培训质量的重要方面。以下是几种常用的培训内容。A. 教育心理学知识：教育心理学是教育领域的一门重要学科，掌握教育心理学知识可以帮助教师更好地理解学生的心理特点和需求，从而更好地进行教育教学工作。B. 新课程改革内容：新课程改革是国家教育改革的一项重要举措，掌握新课程改革的内容可以帮助教师更好地理解新的课程理念和教学方法，从而更好地适应教育改革的要求。C. 教育技术应用技能：教育技术是现代教育的重要手段之一，掌握教育技术的应用技能可以帮助教师更好地利用信息技术手段进行教育教学工作，增强教学效果和提高培训质量。D. 学科教学知识：学科教学知识是教师教育教学工作的核心内容之一，包括学科知识、学科能力和学科素养等方面。掌握学科教学知识可以帮助教师更好地理解和掌握所教学科的知识和能力，提高教学质量和水平。E. 教育管理知识：教育管理是教育领域的一门重要学科，掌握教育管理知识可以帮助教师更好地理解学校管理和教育政策等方面的内容，从而更好地进行教育教学工作。通过对以上几种培训内容的结合，可以提供更加全面、丰富、实用的培训内容，满足不同教师的需求和期望，提高教师的专业水平和教育教学能力。

③整合培训资源。

为了确保"四级"培训的顺利开展和效果，需要对培训资源进行整合和管理。以下是几种常用的培训资源整合方式。A. 建立培训资源库：学校可以建立一个培训资源库，将各种培训教材、案例、视频等资源进行整合和管理，方便教师查找和使用。B. 整合校内外资源：学校可以与一些高校、研究机构、教育部门等合作，共享优秀的教育资源和专家资源，增强培训效果和质量。建立师资库和专家库。学校可以建立一个师资库和专家库，对参与培训的教师和专家进行登记和管理，方便后续的培训工作安排和管理。C. 建立反馈机制：学校可以建立一个反馈机制，让教师对培训效果和质量进行评价和反馈，及时了解教师的需求和期望，对后续的培训进行调整和优化。通过对以上几种培训资源的整合和管理，可以提供更加全面、丰富、实用的培训资源，满足不同教师的需求和期望，提高教师的专业水平和教育教学能力。

总之，"四级"培训模式的完善需要从多个方面入手，包括精准了解教师的培训需求、丰富培训形式和内容、整合培训资源等。只有通过不断探索和实践，才能提高"四级"培训效果和质量，促进教师的专业成长和发展。

（3）建立培训反馈机制。

在培训结束后，可以通过问卷、访谈等方式收集教师的反馈意见，及时了解培训效果和教师的需求变化。根据教师的反馈意见，可以及时对培训内容和形式进行调整和改进，增强培训效果和提高培训质量。同时，可以建立一定的考核机制，对参加培训的教师进行考核和评价，激励教师积极参与培训和学习。在"四级"培训模式中，建立培训反馈机制是一个重要的环节，它可以帮助学校及时了解教师的培训效果和质量，从而对后续的培训进行调整和优化。

①建立培训反馈机制的重要性。

A. 了解教师培训效果。通过反馈机制，学校可以及时了解教师的培训效果和质量，发现培训中存在的问题和不足之处，从而采取相应的措施进行改进和优化。B. 提高教师参与度。通过反馈机制，教师可以对培训效果进行评价和反馈，表达自己的意见和建议，从而促进培训内容的完善和形式的改进。这有助于提高教师的参与度和积极性，增强教师对培训的认同感。C. 改进培训策略和方法。通过反馈机制，学校可以及时了解教师的需求和期望，根据教师的反馈意见，调整和改进培训策略和方法，从而增强培训效果和提高培训质量。D. 促进教师专业发展。通过反馈机制，学校可以关注教师的专业成长和发展，为教师提供个性化的培训和指导，促进教师的专业发展，提高教师的教育教学能力和水平。

②建立科学有效的反馈机制。

A. 确定反馈对象。学校可以根据培训的内容和形式，确定需要参与反馈的主体，包括教师、学生、家长、其他教育工作者等。B. 设计反馈问卷或访谈提纲。根据反馈对象的不同，设计相应的反馈问卷或访谈提纲，包括教师对培训内容、形式、效果等方面的评价和意见。同时要确保问卷或访谈提纲的简洁性、针对性和可操作性。C. 安排反馈时间。根据培训的时间安排和进度，确定合适的反馈时间节点。可以是在培训结束后进行反馈，也可以是在培训过程中进行阶段性反馈。同时要确保反馈时间的充足性和灵活性。D. 组织反馈活动。根据反馈对象的不同，组织相应的反馈活动。可以是通过网络平台进行在线问卷调查，也可以是通过面对面访谈、小组讨论等方式进行交流和反馈。同时要确保反馈活动的便捷性、安全性和可参与性。E. 处理反馈结果并制定改进措施。根据反馈问卷或访谈结果，对数据进行统计和分析，提取有用的信息和建议。同时要确保反馈结果处理的及时性和公正性。根据反馈结果的分析和评价，制定相应的改进措施。可以是对培训内容进行调整和优化，也可以是对培训形式进行改进和创新。同时要确保改进措施的可操作性和可持续性。

③在实践中需要注意的事项。

A. 及时性。在收到反馈结果后，学校应该及时对数据进行分析和处理，制定相应的改进措施，避免拖延和延误。B. 公正性。在处理反馈结果时，学校应该保持公正和客观的态度，避免主观偏见和利益冲突。C. 可行性。在制定改进措施时，学校应该考虑实际情况和可行性，避免过于理想化或难以实施。D. 持续性。反馈机制应该是一个持续性的过程，学校应该定期进行反馈和评价，不断改进和完善培训内容和形式。E. 沟通与交流。在反馈过程中，学校应该与教师保持密切的联系和沟通，听取他们的意见和建议，共同制定改进措施，促进教师的专业成长和发展。F. 记录与保存。在反馈过程中，学校应该对数据进行记录和保存，形成完整的反馈档案和报告，为后续的培训工作提供参考和支持。

总之，"四级"培训模式的完善需要建立有效的培训反馈机制。通过建立反馈机制，学校可以及时了解教师的培训效果和质量，从而对后续的培训进行调整和优化；同时也可以促进教师的专业成长和发展；最终提高"四级"培训效果和质量的目标。

（4）建立完善的培训管理制度。

为了确保四级培训模式的顺利实施和效果，学校可以建立完善的培训管理制度，明确各级管理人员的职责和任务，加强管理的规范化和科学化。同时，可以建立一定的激励机制，鼓励教师积极参与培训和学习，例如提供一定的奖励和晋升机会等。建立完善的培训管理制度是确保企业培训有效性和质量的重要手段。

①明确培训目标。

在建立培训管理制度之前，首先需要明确培训的目标。培训目标应该是可量化的、具有可操作性的，并且与企业的战略目标和业务目标相一致。培训目标应该根据员工的岗位需求、企业发展战略和员工的个人发展需求来确定。在制定培训目标时，需要考虑到员工现有的技能水平和知识水平，以及企业所需要员工达到的技能水平和知识水平。

②制订培训计划。

制订培训计划是建立培训管理制度的第二步。培训计划应该根据培训目标、员工的个人需求和企业的业务需求来制订。培训计划应该包括以下几个方面。A. 培训内容：确定培训的主题、课程、教材和讲师。B. 培训时间：确定培训的时间、地点和持续时间。C. 培训方式：确定培训的方式，如面授、在线学习、研讨会等。D. 培训评估：确定培训的评估方式，包括培训前评估、培训中评估和培训后评估。E. 培训记录：记录培训的内容、时间、地点、参与人员和评估结果等信息。

③建立培训管理制度。

在制订完培训计划之后，接下来需要建立培训管理制度。培训管理制度应该包括以下几个方面。A. 培训管理流程：明确培训管理的流程，包括培训需求的收集、培训计划的制订、培训的实施和培训效果的评估等。B. 培训管理责任人：确定培训管理责任人，包括负责培训计划制订的人员、负责培训实施的人员和负责培训评估的人员等。C. 培训管理规定：制定培训管理规定，包括员工参加培训的规定、讲师管理规定、教材管理规定等。D. 培训管理档案：建立培训管理档案，包括培训计划档案、培训记录档案、培训评估档案等。

④实施培训效果评估。

实施培训效果评估是建立完善的培训管理制度的重要组成部分。以下是一些可以帮助企业实施有效的培训效果评估的建议。A. 明确评估标准：在评估培训效果时，需要明确评估的标准。评估标准应该与培训目标相一致，并且应该尽可能量化，以便进行客观的评估。B. 选择合适的评估方法：在评估培训效果时，需要选择合适的评估方法。评估方法可以包括问卷调查、访谈、考试和绩效评估等。根据评估标准和企业实际情况选择合适的评估方法。C. 制订评估计划：在评估培训效果时，需要制订评估计划。评估计划应该包括三点。a. 评估时间：确定评估的时间，如培训结束后进行评估、一段时间后进行评估等；b. 评估对象：确定评估的对象，如参与培训的员工、未参与培训的员工等；c. 评估内容：确定评估的内容，如员工对培训的满意度、员工在培训中的表现等。D. 分析和应用评估结果：在完成培训效果评估后，需要对评估结果进行分析和应用。

（5）完善自我内化模式。

完善自我内化模式是提高教师专业素质和能力的重要途径之一。可以从下面几个方面完善自我内化模式。

①自我认知。

自我认知是自我内化的前提和基础。教师需要通过反思和审视自己的认知、情感、价值观等方面，了解自己的优势和不足，明确自己的发展目标和方向。可以通过以下几种方式来促进自我认知。A. 反思日志：教师可以通过记录自己的工作和生活经历，对自己的教学行为、教育理念、学生管理等方面进行反思和总结。通过反思日志，教师可以更好地了解自己的教学风格和习惯，发现自己的优点和不足，从而明确自己的改进方向和目标。B. 观察他人：教师可以通过观察其他优秀教师的教学行为和教育理念，了解他们的教学方法和经验，从而对比反思自己的教学行为和方式，找到自己的差距和不足之处。接受反馈：教师可以从同事、学生、家长等来源接受反馈意见，了解自己在教学和教育中存在的问题和困难，从而进一步认识自己的优势和不足之处。

②学习与思考。

学习与思考是自我内化的核心过程。教师需要通过不断学习和思考，拓展自己的知识储备和认知范围，不断完善自己的专业素质和能力。可以通过以下几种方式来促进学习与思考。A. 阅读书籍：教师可以通过阅读教育领域的书籍，了解最新的教育理念、教学方法、教育心理学等方面的知识，从而拓宽自己的知识面和视野。B. 参加培训和研讨会：教师可以通过参加各种培训和研讨会，学习新的教学技能和方法，了解教育领域的前沿动态和发展趋势，从而不断提高自己的专业素质和能力。C. 交流与分享：教师可以通过参加各种交流与分享活动，与其他教师交流自己的经验和看法，从他人身上学习经验和知识，从而不断拓展自己的思维和认知范围。

③实践与探索。

实践与探索是自我内化的重要环节。教师需要通过实践和探索，将所学知识和经验应用到实际教学和教育中去，从而不断提高自己的教学能力和教育质量。可以通过以下几种方式来促进实践与探索。A. 实践反思：教师需要在实践中不断反思自己的教学方法和教育理念，找到问题所在并进行改进。例如，可以通过观察自己的课堂表现、学生反馈等方式来了解自己的教学效果和教育质量，从而找到需要改进的地方。B. 尝试新方法：教师可以通过尝试新的教学方法和策略，探索更有效的教学方式和方法，从而提高自己的教学能力和教育质量。例如，可以尝试采用新的课堂组织形式、教学工具和方法等，以提高学生的学习兴趣和效果。C. 持续改进：教师需要在实践中不断尝试、改进和提高自己的教学方法和教育理念。通过持续改进，教师可以不断提高自己的教学能力和教育质量，达到更好的教学效果和教育目标。

④环境支持。

环境支持是自我内化的重要保障。学校和社会应该为教师提供良好的环境和支持条件，以促进教师的专业发展和自我内化。可以通过以下几种方式来提供环境支持。A. 提供资源支持：学校可以提供必要的教学资源、科研经费、设备支持等资源支持，帮助教师更好地开展教学和研究工作，提高教师的专业素质和能力水平。B. 提供机会支持：学校可以提供各种机会支持，如培训机会、交流机会、研究机会等，让教师有机会参与各种活动和学习机会，从而促进教师的专业发展和自我内化。C. 建立激励机制：学校可以建立激励机制，如奖励机制、晋升机制等，激励教师积极参与自我内化过程，提高教师的积极性和主动性。D. 提供指导支持：学校可以提供指导支持，如导师制度、辅导员制度等，为教师提供指导和帮助，帮助教师解决遇到的困难和问题，提高教师的自我内化效果和质量。

总结来说，完善自我内化模式需要从多个方面入手，包括自我认知、学习与思考、实践与探索、环境支持等，通过不断完善自我内化模式，可以促进教师的专业发展和自我成长，提高教师的教育教学能力和教育质量同时也可以为学校的发展和进步提供更好的支持和保障。

（6）完善专家讲座模式。

完善专家讲座模式是提高教师专业素质和能力的重要途径之一。可以从如下几个方面进行持续完善。

①选择合适的专家。

选择合适的专家是完善专家讲座模式的关键。学校需要根据自身的需求和目标，选择符合需求的专家进行讲座。可以从以下几个方面考虑选择合适的专家。A. 专家的专业背景和知识：学校可以根据自己的需求和目标，选择具有相应专业背景和知识的专家进行讲座。例如，如果学校需要了解最新的教育理念和技术，可以选择教育技术领域的专家进行讲座。B. 专家的经验和能力：学校可以选择具有丰富经验和能力的专家进行讲座，这些专家通常具有较高的教学水平和教育经验，能够为教师提供实用的指导和建议。C. 专家的声誉和影响力：学校可以选择具有较高声誉和影响力的专家进行讲座，这些专家通常具有较高的社会认可度和学术地位，能够为教师提供更加权威和专业的指导和建议。

②确定合适的主题。

确定合适的主题是完善专家讲座模式的重要环节。学校需要根据自身的需求和目标，确定符合需求的主题进行讲座。可以从以下几个方面考虑确定合适的主题。A. 当前的教育热点问题：学校可以选择当前教育领域的热点问题进行讲座，例如教育改革、教育政策、教育技术等，这些主题通常能够吸引教师的关注和兴趣。B. 教师的实际需求：学校可以根据教师的实际需求，选择符合教师需求的主题进行讲座。例如，如果教师需要提高自己的教学技能和方法，可以选择教学技能和方法方面的专家进行讲座。C. 学校的特色和优势学科：学校可以选择自己特色和优势学科的主题进行讲座，例如语文、数学、科学等，这些主题通常能够展示学校的特色和优势。

③确定讲座形式和内容。

确定讲座形式和内容是完善专家讲座模式的重要环节。学校需要根据专家的背景和主题，确定合适的讲座形式和内容，以便更好地为教师提供指导和建议。可以从以下几个方面考虑确定讲座形式和内容。A. 讲座形式：学校可以选择不同的讲座形式，例如工作坊、研讨会、培训课程等，以满足教师的不同需求和兴趣。根据专家的背景和主题，还可以选择在线讲座、实地讲座等形式。B. 讲座内容：学校需要根据专家的背景和主题，确定合适的内容进行讲座，包括理论知识、实践经验、案例分析等。同时还需要注意讲座内容的深度和广度，以满足教师的不同需求和兴趣。C. 互动交流：学校可以设置互动交流环节，让专家和教师之间进行交流和讨论，解决教师的疑问和困惑，分享专家的经验和建议。同时也可以通过互动交流环节，让教师更好地理解和掌握讲座内容。

④评估效果和质量。

评估效果和质量是完善专家讲座模式的重要环节。学校需要对每次讲座的效果和质量进行评估，了解教师对讲座的反馈和评价，以便对下一次的讲座进行调整和改进。可以从以下几个方面考虑评估效果和质量。A. 问卷调查：学校可以在每次讲座结束后，向教师发放问卷调查表，了解教师对讲座的反馈和评价，包括对专家的背景、主题、内容等方面的评价。通过问卷调查可以更全面地了解教师的意见和建议，以便对下一次的讲座进行调整和改进。B. 座谈会或访谈：学校可以组织座谈会或访谈活动，与教师进行面对面的交流和讨论，了解教师对讲座的反馈和评价，包括对专家的背景、主题、内容等方面的评价。

(7) 完善资源整合模式。

完善资源整合模式是提高教师专业素质和能力的重要途径之一。可以从如下几个方面予以持续完善。

①建立资源共享平台。

建立资源共享平台是完善资源整合模式的基础。学校可以建立一个内部的资源共享平台，将各种教学资源、科研成果、实践经验等整合在一起，方便教师之间的共享和交流。可以根据自身的需求和目标，确定资源共享平台中的资源类型，包括教学资源、科研成果、实践经验等。

②加强资源整合规划和管理。

加强资源整合规划和管理是完善资源整合模式的重要措施。学校需要制定资源整合的规划和政策，明确资源整合的目标、原则、方法和步骤，加强资源整合的管理和监督。可以从以下几个方面考虑加强资源整合规划和管理。A. 制定规划和政策：学校可以制定资源整合的规划和政策，明确资源整合的目标和原则，制定具体的实施方案和计划，确保资源整合工作的有序推进。B. 建立管理机构：学校可以建立专门的资源整合管理机构，负责制定资源整合的政策和规划，监督和管理资源整合工作，协调解决各种问题和困难。C. 建立资源库：学校可以建立教学资源库、科研成果库、实践经验库等资源库，对各种资源进行分类和管理，方便教师之间的共享和交流。D. 加强培训和管理：学校需要加强教师的培训和管理，提高教师的资源整合意识和能力，促进教师之间的共享和交流。同时还需要加强对资源的监管和管理，确保资源的准确性和可靠性。

③推广资源整合的成功案例。

推广资源整合的成功案例是完善资源整合模式的有效途径。学校可以通过宣传和推广一些成功的资源整合案例，让教师了解资源整合的重要性和实际效果，激发教师的积极性和主动性。可以从以下几个方面考虑推广资源整合的成功案例。A. 选择成功案例：学校可以选择一些具有代表性和示范性的成功案例，包括教学资源的整合、科研成果的转化、实践经验的总结等，以便向其他教师推广和学习。B. 宣传和推广：学校可以通过各种渠道宣传和推广成功案例，如校园网、微信公众号、教师培训等，让教师了解成功案例的背景、过程和结果，激发教师的兴趣和动力。C. 交流和学习：学校可以组织成功案例的交流和学习活动，让教师分享自己的经验和感受，学习其他教师的经验和做法，促进教师之间的交流和提高。

总结来说，完善资源整合模式需要从多个方面入手，包括建立资源共享平台、加强资源整合规划和管理、推广资源整合的成功案例等，通过完善资源整合模式可以帮助学校更好地整合各种教学资源、科研成果和实践经验，提高教师的工作效率和教学效果，推动学校的持续发展和进步。同时也可以促进教师之间的共享和交流，提高教师的专业素质和能力水平。

（8）完善榜样示范模式。

完善榜样示范模式是提高教师专业素质和能力的重要途径之一。需要从如下几个方面建立有效的榜样示范作用。

①确定榜样对象。

确定榜样对象是完善榜样示范模式的第一步。学校可以根据自身的需求和目标，选择具有代表性的优秀教师作为榜样对象，为其他教师树立榜样和标杆。可以从以下几个方面考虑确定榜样对象。A. 教学水平：榜样对象应该具有较高的教学水平，能够为其他教师提供实用的教学经验和指导。可以从教学质量、教学方法、课堂管理等方面进行评估。B. 科研能力：榜样对象应该具有较强的科研能力，能够为其他教师提供科研方面的指导和帮助。可以从科研项目、论文发表、专利申请等方面进行评估。C. 职业道德：榜样对象应该具有良好的职业道德，能够为其他教师树立正确的职业道德观念和行为规范。可以从敬业精神、责任心、廉洁自律等方面进行评估。D. 个人魅力：榜样对象应该具有个人魅力，能够为其他教师树立积极向上、自信乐观的形象和风格。可以从人际关系、沟通能力、领导能力等方面进行评估。

②宣传和推广榜样形象。

宣传和推广榜样形象是完善榜样示范模式的重要环节。学校可以通过各种渠道宣传和推广榜样形象，让其他教师了解榜样对象的事迹和经验，激发教师的积极性和主动性。可以从以下几个方面考虑宣传和推广榜样形象。A. 校园宣传：学校可以通过校园网、微信公众号、宣传栏等渠道宣传榜样对象的事迹和经验，让其他教师了解榜样对象的优秀品质和工作方法。B. 成果展示：学校可以组织成果展示活动，展示榜样对象的科研成果、教学成果等，让其他教师了解榜样对象的学术水平和专业能力。C. 公开表彰：学校可以组织公开表彰活动，对榜样对象进行表彰和奖励，让其他教师感受到学校对优秀教师的重视和支持。D. 经验分享：学校可以组织经验分享活动，让榜样对象分享自己的工作经验和教学方法，让其他教师学习和借鉴榜样对象的成功经验。

③建立学习交流机制。

建立学习交流机制是完善榜样示范模式的重要措施。学校需要建立一套学习交流机制，让其他教师能够与榜样对象进行交流和学习，从榜样对象身上学习先进经验，提高自己的专业素质和能力水平。可以从以下几个方面考虑建立学习交流机制。A. 导师制度：学校可以建立导师制度，从榜样对象选择一名或多名导师，对其他教师的指导和培养。导师可以根据自己的经验和专长，为其他教师提供实用的指导和建议，帮助他们快速成长。B. 观摩学习：学校可以组织观摩学习活动，让其他教师到课堂、实验室等场所观摩榜样对象的教学或科研过程，了解他们的教学方法和科研思路，从中学习和借鉴经验。C. 团队合作：学校可以建立团队合作机制，将其他教师与榜样对象组成团队，共同开展教学或科研工作。通过团队合作，教师们可以相互学习和交流，共同提高自己的专业素质和能力水平。D. 学术研讨会：学校可以组织学术研讨会，让榜样对象和其他教师共同参与讨论和研究，分享自己的学术观点和经验，促进学术交流和合作。

④评估效果和质量。

评估效果和质量是完善榜样示范模式的重要环节。学校需要对榜样示范模式的效果和质量进行评估，了解教师对榜样示范模式的反馈和评价，以便对下一次的示范活动进行调整和改进。可以从以下几个方面考虑评估效果和质量。A. 参与度评估：学校可以统计参与示范活动的教师数量和参与程度，了解教师对示范活动的参与度和积极性。如果参与度较高，说明示范活动对教师有吸引力，可以继续开展；如果参与度较低，说明示范活动需要改进或调整。B. 满意度评估：学校可以设计问卷调查或访谈活动，了解教师对示范活动的满意度和反馈意见。通过满意度评估可以了解示范活动的优缺点，以便对下一次的示范活动进行调整和改进。C. 效果评估：学校可以通过教学水平、科研成果等方面的评估指标，对参与示范活动的教师进行效果评估，了解示范活动对教师的实际效果和影响。通过效果评估可以发现教师的进步和提高，进一步激发教师的积极性和主动性。D. 长期跟踪：学校可以对参与示范活动的教师进行长期跟踪和观察，了解他们在示范活动后的成长和发展情况。通过长期跟踪可以发现示范活动的长期效果和影响，为今后的示范活动提供参考和依据。

总结来说，完善榜样示范模式需要从多个方面入手，包括确定榜样对象、宣传和推广榜样形象、建立学习交流机制等。通过完善榜样示范模式，可以帮助学校更好地树立优秀教师的形象和标杆，激发教师的积极性和主动性，促进教师的专业发展和自我成长。同时也可以为学校树立良好的教风和学风，提高学校的教学质量和教育水平。

参 考 文 献

[1] 李建华，肖潇. "坚持师德师风第一标准"：习近平对师德师风建设思想的重要贡献［J］. 江苏行政学院学报，2023（1）：12-19.

[2] 朱忆天，李莉. 习近平立德树人重要论述的生成逻辑、核心意蕴与践行路径［J］. 河南师范大学学报（哲学社会科学版），2022（3）：17-23.

[3] 杜峰. 不断完善新时代高校教师师德师风建设机制［J］. 中国高等教育，2020（20）：39-40.

[4] 马书文. 新时期优化高校青年教师师德师风建设环境研究［J］. 教育探索，2010（4）：15-16.

[5] 王海荣. 地方本科高校青年教师师德师风建设［J］. 继续教育研究，2018（8）：95-98.

[6] 刘畅. 新时代高等职业院校师德师风建设与人才培养关系之辨析：基于打造"金课"，淘汰"水课"的思考［J］. 中国职业技术教育，2019（25）：92-96.

[7] 尹祖荣，杨月和. 加强新时代教师队伍建设的校本实践探索［J］. 中小学校长，2021（8）：52-54.

[8] 李越. 加强高校基层教师党组织师德师风建设工作的几点思考［J］. 湖北开放职业学院学报，2024（1）：138-140.

[9] 王爽. 基于师德核心要素的高校青年教师师德师风建设研究［J］. 科技风，2024（1）：166-168.

［10］倪素香，彭雯诗. 新时代高校师德师风建设的困境与破解［J］. 中南民族大学学报（人文社会科学版），2024（1）：1－9.

［11］邢翠，王蔚，郭东升. 新时代高校加强教师队伍师德师风建设的实践［J］. 化学教育（中英文），2023，44（24）：123－129.

［12］许玲，张琴."四有"好老师标准下高校师德师风建设的思考［J］. 经济研究导刊，2023（23）：107－109.

［13］朱叶，郝文. 高校青年教师师德师风建设的现实困境与优化路径［J］. 世纪桥，2023（11）：39－41.

［14］高辉，薛晶. 创新师德师风建设模式的校本探索［J］. 江苏教育，2023（45）：66－67.

［15］刘平，邓雅婷，张开富. 新时代高校党建引领师德师风建设路径研究［J］. 高教学刊，2023，9（31）：168－171.

［16］胡娟，赵威. 习近平总书记关于师德师风建设重要论述及践行方略研究［J］. 佳木斯大学社会科学学报，2023，41（5）：19－22.

［17］郭浩. 教师专业发展的转型：由技术到文化［J］. 教育导刊，2010（2）：5－8.

［18］陈爱苾. 教师职业道德修养：敬业·爱生·师格［M］. 北京：北京出版社，2003.

［19］教育部. 关于实施国家优秀中小学教师培养计划意见（教师〔2023〕5号）［Z］.

［20］胡铁生. 微课给教育带来了什么改变［J］. 中小学信息技术教育，2018（Z2）：84－86.

［21］任海燕. 教师文化敏感：文化自信素养的能动性资源［J］. 四川教育，2023（Z4）：79－80.

［22］周仙玲，张建萍. 汲取优秀文化营养　提高文化自信素养［N］. 科学导报，2023－07－11（B03）.

［23］达思潮. 中小学教师中华优秀传统文化素养提升策略［J］. 中国教师，2023（6）：85－88.

[24] 宋晓林. 小学语文教师的革命文化素养：结构体系与发展建议［J］. 小学语文，2023（1）：43-47.

[25] 潘娟. 新课标背景下提升小学语文教师文化素养的路径探析［J］. 考试周刊，2022（47）：35-40.

[26] 梁红梅，高梦解. 中小学教师职业荣誉感的现实困境与涵育路径［J］. 华南师范大学学报（社会科学版），2020（6）：83-94，190.

[27] 李粉红，李超. 基于课堂教学录像的高校青年教师课堂教学能力评价［J］. 微型电脑应用，2020，36（9）：20-22.

[28] 谢士锦. 提高小学数学教师专业素质的有效途径［J］. 教育实践与研究（小学版），2009（3）：27-30.

[29] 张明成. 数学教师教学技能发展路径探析［J］. 当代教育理论与实践，2011，3（1）：120-122.

[30] 张红. 浅谈初中生物高效课堂的构建［N］. 科学导报，2021-10-12（B03）.

[31] 柏华. 浅谈小学数学教师的有效课堂［J］. 小学生（教学实践），2013（12）：123.

[32] 张春茶. 小学数学教师应具备的品质［J］. 考试周刊，2013（A0）：14.

[33] 石寒烨. 浅析当前小学数学教师专业化素养的培养策略［J］. 文理导航（下旬），2014（3）：36.

[34] 崔媛，高静. "管"是为了"不管"：小学班主任管理工作研究与实践［J］. 教育艺术，2023（12）：57，63.

[35] 刘青洺. 班主任培养情绪调控力的七个策略［J］. 班主任之友（中学版），2023（Z2）：46-48.

[36] 蔡晓燕. 班主任生涯规划与序列化培训：上海市松江区班主任队伍培养的实践探索［J］. 现代教学，2023（Z4）：35-39.

[37] 于春德，朱华. 特色校本研修：教师专业发展模式新探［J］. 华夏教师，2023（4）：25-27.

[38] 朱瑛. 主题引领·五段互动：一种让教师深度卷入的校本研修新模式[J]. 江苏教育研究, 2016 (11): 36-38.

[39] 郭东岐. 关于"研训一体、管训结合"教师培训体制问题[J]. 辽宁教育学院学报, 1998 (6): 52-54.

[40] 刘文. 提升教师专业发展水平的校本培训实践[J]. 辽宁教育, 2023 (24): 72-74.

[41] 李睿. 小学校本研修管理研究[D]. 贵阳：贵州师范大学, 2019.